Norwegen für Zeitreisende

*Peer Schröder
zur Erinnerung*

Norwegen für Zeitreisende

Pierangelo Maset   Michael Schmidt

*edition***HYDE**

Bibliografische Information der Deutschen Nationalbibliothek: Die Deutsche Nationalbibliothek verzeichnet diese Publikation in der Deutschen Nationalbibliografie; detaillierte bibliografische Daten sind im Internet über http://dnb.dnb.de abrufbar.

Die automatisierte Analyse des Werkes, um daraus Informationen insbesondere über Muster, Trends und Korrelationen gemäß §44b UrhG („Text und Data Mining") zu gewinnen, ist untersagt.

© 2025 Pierangelo Maset und Michael Schmidt
© 2025 *edition*HYDE

Layout & Cover: Bill Masuch

Verlag: BoD · Books on Demand GmbH, In de Tarpen 42, 22848 Norderstedt, bod@bod.de

Druck: Libri Plureos GmbH, Friedensallee 273, 22763 Hamburg

ISBN: 978-3-7693-1400-7

Inhalt

Vorwort **7**

Tourismus und der Turistvegen in Tromsdalen **11**

Begegnung in Majorstuen **17**

Kjerringøy **22**

Norwegische Bildwelten **24**

Bunker **43**

Kongebjørka (Die Königsbirke) **48**

Mein Kampf. Mit der Kellnerin. Eine Korkengeschichte **53**

Kurt Schwitters und Ernst Jünger am Romsdalenfjord **55**

Norwegische Klänge **67**

Das Müllhaus **75**

Robinson und Freitag **78**

Die Anglerin im Kleid oder
»Seelandschaft mit Pocahontas« **81**

Bildende Kunst und Design **84**

Installateur und Museumsdirektor **91**

Saltstraumen **93**

Husfliden und Bunad **97**

Der verlassene Hof **103**

Tobakk og Frukt **106**

Die Farm am Balsfjord **109**

Markens Grøde oder Die Beerensammler*innen **113**

Lehren des Polarlichts **116**

Norwegische Literatur **124**

Vippefyr **150**

Gudbrandsdalen **153**

Jul **157**

Literatur **160**

Abbildungen **166**

Autoren **168**

Vorwort

In Berichten über Norwegen, so unterschiedlich sie sein mögen, trifft man immer wieder auf eine Faszination, die das Land auslöst, vor allem bei Deutschen. Bereits Kaiser Wilhelm II. bereiste zwischen 1889 und 1914 mit seiner Yacht »Hohenzollern« regelmäßig die norwegischen Küsten, und zu Beginn des 20. Jahrhunderts gehörten Nordland-Reisen bereits zum Repertoire von Schifffahrtsgesellschaften. 2019 wurden in Norwegen insgesamt über 35 Millionen touristische Übernachtungen gezählt, davon etwa zwei Millionen Touristen aus Deutschland, die damit die größte Gruppe an Reisenden darstellte.
Häufig beginnt eine Norwegenreise im Süden des Landes, vorzugsweise in Oslo, wo die meisten der heutigen Reisenden per Flugzeug, Zug, Bus oder Schiff ankommen. Jedoch, wenn man lediglich in der Hauptstadt des Königreiches verweilt, gewinnt man schwerlich eine Vorstellung davon, wie ausgedehnt das Land ist und welch vielfältig verzweigte Gegenden es birgt. Auch Reisebücher über Norwegen handeln in der Regel von denselben touristischen Stationen: Oslo, der Geirangerfjord und Bergen, die Atlantikstraße, Trondheim mit der nördlichsten Kathedrale Europas und Tromsø bzw. das arktische Norwegen.
Dieses Buch beschreitet einen anderen Weg. Es befasst sich mit kulturellen Besonderheiten des Landes, die Einblicke in Gegenden und Mentalitäten eröffnen und Berührungspunkte zwischen Deutschland und Norwegen verorten. Entwicklungen und Ereignisse werden hierbei aus unterschiedlicher Perspektive betrachtet: Michael Schmidt lebt seit rund 30 Jahren in Norwegen. Er hat die rasante Entwicklung zu einer vom Erdölreichtum veränderten, technologisch avancierten Nation vor Ort erlebt und beobachtet; Pierangelo Maset hat das Land auf zahlreichen

Reisen erkundet und fotografisch aufgenommen. Beide verfügen über jeweils anders geartete Horizonte und Blicke; gemeinsam ist ihnen die Frage nach den gegenseitigen Anziehungen, Ähnlichkeiten und Unterschieden. Geschichtliches wie Zeitgenössisches wird aufgeboten und dem scheinbar beiläufigen Raum gewidmet. Persönliche Erlebnisse und Beobachtungen dienen ebenso als Ausgangspunkte für Texte wie Fotografien oder Alltagsgegenstände. Überdies finden Betrachtungen zu den kunst- bzw. literaturgeschichtlich bemerkenswerten Aufenthalten des deutschen Künstlers Kurt Schwitters sowie der Schriftsteller Ernst Jünger und Arno Schmidt am Romsdalenfjord statt. Orte wie Barentsburg auf Spitzbergen, Kjerringøy oder der Osloer Stadtteil Majorstuen werden vorgestellt, aber auch die weit verbreitete, auf die unvergleichlichen nordischen Beeren kaprizierte Sammelleidenschaft. Aus dem Zweiten Weltkrieg verbliebene Bunkeranlagen, verlassene Höfe und die Kongebjørka in Molde, die immer noch als wichtiges Symbol des Widerstandes gegen die deutsche Besatzung gilt, werden, gleichzeitig materiell und marginal, herausgestellt.

Das Prinzip Micro-Macro wird angewandt – vom Umgang mit Weinflaschenkorken in Restaurants bis zum stets phänomenalen Nordlicht - in der Absicht, durch das Beispielhafte der Stichworte ein Porträt zu entwickeln, das nicht nur beeindruckende Landschaften und faszinierende Städte beschreibt, sondern kulturell interessierten Leserinnen und Lesern unterhaltsam und informativ das geographisch weitläufige, verwinkelte und deshalb nicht leicht zu bereisende Land näherzubringen. Stimmungsvolle Fotografien von Süd- bis Nordnorwegen ergänzen die Texte.
Das Buch enthält zudem Übersichtskapitel zur norwegischen Literatur der Gegenwart, zum norwegischen Film und zur außerordentlich avancierten Musik und Kunst des Landes. Die einzelnen Themen sind exemplarischer Natur und mit Mut zur Lücke gewählt. Es handelt sich hier nicht

um ein Buch der Machart »Alles, was man über Norwegen wissen sollte«, sondern um ein beim Lesen entstehendes Bild von Norwegen, das kulturelle Fäden spinnt.

Tourismus und der Turistvegen in Tromsdalen

Wer den Tourismus in Norwegen in den letzten Jahrzehnten beobachtet hat, wird kaum sagen können, wer wen verändert hat: der Tourismus das Land oder das Land den Tourismus. Praktisch bis zur Jahrtausendwende hat die norwegische Öffentlichkeit Tourismus abgelehnt und kaum zugelassen. Ein Foto, das wir leider nicht abdrucken können, zeigt das: Das Heck eines für uns Laien nicht identifizierbaren, aber elegant wirkenden Wagens ragt hinter einer Bretterbude hervor. Die trägt die Aufschrift: *Cafe Nordkap*. Natürlich war es ein Witz, als der in den frühen sechziger Jahren des letzten Jahrhunderts noch als Berliner Bürgermeister fungierende Parteifunktionär Willi Brandt zum ihm aus gemeinsamen Tagen im norwegischen Widerstand vertrauten Ministerpräsidenten Gerhardsen sagte: »Du, Einar, wenn ihr Tourismus wollt, dann müsst ihr aber was für eure Straßen tun«. »Aber wir wollen doch gar keinen Tourismus, lieber Willi«, soll Gerhardsen erschrocken geantwortet haben.

Inzwischen sind all die Eisenkrämer, Kurzwarenläden, Buchhandlungen und kleinen Lebensmittelhändler, die einmal die spezifische Urbanität kleiner norwegischer Städte ausmachten, touristischen Zielen wie Schnellimbissen und endlosen Ketten von Pulloverläden gewichen. Die Saison, außerhalb derer es schwierig sein konnte, auch nur ein Nachtquartier zu finden, dauerte knapp zweieinhalb Monate, von Mitte Juni bis Ende August. Der parallele Verlauf zu den langen Sommerferien zeigt, dass es sich in erster Linie um ein Angebot für inländische, für norwegische Touristen gehandelt hatte.

Inzwischen ist jahrum der Bär los. Selbst die unwirtlichen, dunklen Gebiete des Nordens ziehen mit ihren spezifischen Attraktionen wie der Polarnacht und dem Nordlicht Wintertouristen aus aller Welt an.

Anders als in anderen Teilen Europas und selbst noch des europäischen Nordens waren die wenigen Norwegenreisenden bis ins 19. Jahrhundert hinein gleichsam Entdeckungsreisende. Ihnen stand keinerlei überlokale Struktur weder für einen Transport noch zwecks Übernachtung zur Verfügung, die Überquerung der zahlreichen Fjorde musste lokal verhandelt werden. Kein Vergleich zur seinerzeit vergleichsweise bequemen Reise von Stockholm zum Nordkap.

Das änderte sich erst in der zweiten Hälfte des 19. Jahrhunderts, als Dampfschiffe ganz Skandinavien für mitteleuropäische Reisende leichter erreichbar machten und als Eisenbahnen den Süden des Subkontinents erschlossen. Es entstand ein Tourismus, der aber eine Sache der Wohlhabenden war und es lange Zeit auch blieb.
Als um 1900 die ersten Kreuzfahrtschiffe gebaut wurden, die sich in ihrem Luxus sehr von den schwimmenden Hühnerfarmen unserer Tage unterschieden, war Norwegen

einschließlich des nördlichen Landesteils neben den deutlich sonnigeren Gefilden der Karibik und des Mittelmeerraums eine der ersten Zielregionen.
Der *Turistvegen* im Tromsøer Ortsteil Tromsdalen heißt so, weil er bereits vor dem Ersten Weltkrieg ein Weg für Touristen war. Er führt vom Brückenkopf der freilich erst seit 1960 den Sund überspannenden Brücke hinein in das relativ breite Tal des Troms-Flusses, das also wie der Ort selbst Tromsdalen, Troms-Tal, heißt und hin auf die Tromsdalstinde, den höchsten Berg der Region, führt. Wer dort geht, bewegt sich also auf eine eindrucksvolle Berglandschaft zu, ohne sich allzu sehr anstrengen zu müssen. Heute ist er für Kraftfahrzeuge, denen aber bald ein Schlagbaum einen Stop setzt. Damals war er für Pferdefuhrwerke befahrbar. Die touristische Attraktion des Tals zeigt das Foto.
Es handelt sich um eine von Touristen umlagerte samische Gamme. Dort konnte man *Duodji* kaufen, samische Dinge auf der Scheide zwischen Alltagskultur und Kunsthandwerk. Eine Postkarte (mit verwischtem Stempel) um 1900 zeigt, wie ein Ehepaar aus dem Rheingau dort weiter nicht spezifizierte samische Dinge für das Enkelkind »Baby« erwarb. Bei den Touristen auf dem Bild handelt es sich mit hoher Wahrscheinlichkeit um Reisende, die im Jahre 1912 mit dem Kreuzfahrtschiff *Viktoria Louise* nach Tromsø kamen. Vermutlich wurden sie von einem der Boote des auf Reede liegenden Schiffs an der Küste des seinerzeit noch kaum besiedelten Festlands ausgesetzt; es ist aber auch möglich, dass sie die Fähre nutzten, die bis 1960 die Stadt mit dem Ort Tromsdalen verband. Die meisten der Touristen dürften zur Gamme gelaufen sein, einige wurden vermutlich aber auch von dem im Bildhintergrund sichtbaren Pferdefuhrwerk transportiert. Mehrheitlich handelt es sich um Männer, nur fünf der insgesamt 24 Personen sind – an der Kleidung erkennbar – Frauen. Besonders praktisch gekleidet ist niemand, die Menschen tragen Gesellschaftskleidung wie auf dem Schiff. Bemerkenswert sind die Kopfbedeckungen:

eine der Frauen und viele Männer tragen Mützen, wie sie seinerzeit ein Bestandteil der Marine-Uniformen waren. Zwei der Männer, die jeweils die dritte Position von links und von rechts einnehmen, tragen indessen Schiebermützen. Hutträger*innen sind bei den Männern die Minderzahl, bei den Frauen die Mehrzahl.

Das ist Zeitgeist: Man ahmte einen Kaiser nach, der ständig Sprüche wie »Seegeltung tut not« oder »Deutschlands Zukunft liegt auf dem Wasser« absonderte, ein agressives und andere europäische Mächte provozierendes Kriegsflottenprogramm forcierte und der gleichsam der erste Norwegenreisende seines Reiches war. Und das selbstverständlich in Uniform. Die Mützen hatten gegenüber den Hüten nicht nur den Vorteil eines männlich-martialischeren Auftretens, sondern es ist ungleich bequemer, zu salutieren oder auch nur an den Mützenschirm zu tippen, als immer und immer wieder den Hut ziehen zu müssen. Auf dem begrenzten Raum eines Schiffes, wo immer wieder Grußpflichtsituationen entstehen konnten, war das sicherlich angenehm. Umso mehr Respekt verdient die Bürgerlichkeit der vier barhäuptigen Herren mit Hüten, von denen der ganz links überdies eine auffallend lässige Haltung einnimmt, während der zweite Unbehütete auf der linken Seite der Kamera sein offensichtlich markantes Profil präsentiert. Interessant wäre es, zu wissen, warum die Frau eine Marinemütze trägt. Vielleicht macht ihr Beispiel den Übergang des Militärischen in die Alltagskultur besonders deutlich. Vielleicht neigte sie auch zu einem kessen Auftreten und nutzte die Gelegenheit einer Reise, wo sie ungleich weniger Sanktionen zu befürchten hatte als in ihrem Heimatort. Vielleicht galt auch für sie das Argument der Bequemlichkeit: Eine Mütze war deutlich weniger vom Wegfliegen bedroht als die breitkrempigen Hüte der anderen Damen. Ein Jahrmarkt der Eitelkeiten um ein und auf einem bescheidenen Bauwerk, dessen Besitzerin fast verschwindet zwischen all den anderen Menschen. Vier von ihnen sind ihr sogar aufs Dach gestiegen, eine Handlungsweise, die sie gewiss für Anarchie gehalten hätten, wäre sie ihnen in ihren Heimatorten begegnet.

Wir sehen bereits bei diesen frühen Reisenden, die erste Massentouristen zu nennen nicht frei von Ironie wäre: Touristen neigen dazu, auf der Reise Verhaltensweisen zu kultivieren, die sie zuhause ablehnten. Sie wollen nicht sehen (das interessante Objekt, die Gamme, liegt hinter ihnen), sondern gesehen werden. Das relativ neue Medium der Fotografie ermöglicht, das zu dokumentieren, und seit dem Aufkommen der handlichen Kameras nach dem Ersten Weltkrieg gehören die zum Touristen wie das Kreuz zur Kirche. Touristen sind rücksichtslos und teils aggressiv im Umgang mit der örtlichen Bevölkerung, und sie tragen eine von der Alltagskleidung abweichende Kleidung wie eine Uniform.

Zugleich erinnert das Aufsdachsteigen als Schwundform an einen Habitus der alten Reisenden, bei ihren Aufenthalten während der Reise einen hochgelegenen Punkt zu erklettern, von dem aus sie möglichst viel der umgebenden Landschaft betrachten konnten – entsprechendes Wetter vorausgesetzt. So verfuhr der deutsche Geologe Leopold von Buch, ein Kommilitone und Freund Alexander von Humboldts an der Bergakademie zu Freiberg, der in der Zeit der Napoleonischen Kriege Norwegen bereiste. Er durchwanderte seine Etappen zu Fuß, und er bediente sich eines *Skyss* (wie derartige Mitfahrgelegenheiten im Norwegischen genannt werden), auf dem Karren oder mit einem Boot, die er jeweils vor Ort fand, um größere Strecken zu überwinden oder einen Fjord zu überqueren. Er benutzte also ausschließlich lokale Verkehrsmittel während seiner Wanderungen. Er nahm nicht nur Land und Leute intensiv wahr, die er in seiner 1808 gedruckten Reisebeschreibung schilderte, sondern führte unterwegs auch geologische Untersuchungen durch, notierte und zeichnete.

Aus einer Muschelbank bei Tromsø schloss er auf Erhöhungen der Kontinente und stiess damit eine wichtige naturwissenschaftliche Diskussion an, im Medium der Reisebeschreibung, wohlgemerkt. Ob er das Tromsdal oder gar die Tromsdalstinde erreichte, lässt sich den überlieferten Quellen nicht entnehmen. Jedenfalls verdankt das seinerzeit kleine und völlig unbedeutende Tromsø seinem Besuch den Eintrag in Alexander von Humboldts großer Weltbeschreibung *Kosmos*.

Begegnung in Majorstuen

Der Osloer Ortsteil Majorstuen ist bekannt für seine pulsierenden innenstädtischen Szenerien und ausgezeichneten Verkehrsanbindungen, ein wichtiger öffentlicher Verkehrsknotenpunkt Oslos, an dem viele U-Bahnlinien, drei Straßenbahnlinien und fünf Buslinien verkehren. Dieser Station ist eine weitläufige Kreuzung vorgelagert, in der Menschen und Verkehrsmittel aus allen Himmelsrichtungen auftauchen oder verschwinden. In dem monumentalen Roman *Perrudja* von Hans Henny Jahnn taucht Majorstuen unter anderem als Ort einer Zeltstadt auf, in der ein wundersames Karussell mit Orgel und Figurinen aufgebaut ist, dessen Betrachtung einen sensiblen Knaben zu Tränen rührt.
Das Viertel wurde nach einem bekannten Haus aus dem 18. Jahrhundert benannt, das sich auf der Ostseite des Sørkedalsveien befand. Die offizielle Schreibweise lautet *Majorstuen* und ist noch dänischen Ursprungs, Einheimische verwenden gern *Majorstua,* das Dänische war bis weit ins 19. Jahrhundert die einzige Schriftsprache in Norwegen. Eine Attraktion der Gegend ist der ausgedehnte Frogner Park, in dem sich der Skulpturenpark Vigelandsanlegget mit über 200 zum Teil monumentalen Statuen aus Granit, Gusseisen und Bronze befindet.

In der Gegend gibt es ein reichhaltiges gastronomisches Angebot mit traditionsreichen norwegischen und internationalen Restaurants sowie abwechslungsreiche Einkaufsmöglichkeiten. Flaniert man die Valkyriegata in südlicher Richtung, hat man einen inspirierenden Gang vor sich, in dem unterschiedlichste Läden mit handwerklich hochwertigen Produkten sich gegen manche Dependance heute üblicher Ketten und stylischer Designergeschäften behaupten. Ab dem Valkyrie plass wechselt der Straßenname zu Bogstadveien, später zu Hegdehaugsveien. Der Weg führt fast bis zum Schloss bzw. zum Literaturhaus, und dem angrenzenden *Kunstnernes Hus*. Die 1928 eröffnete Metro-Station *Valkyrie plass* wurde 1985 geschlossen und diente dann lange Zeit einem Schnellimbiss als Untergrund. 2017 handelte die norwegische Thriller-Serie *Valkyrien* von der Möglichkeit eines unterirdisch angelegten autonomen Krankenhauses in den verbliebenen Gewölben.

Wir betraten ein Café, das direkt an der T-bane-Station der auch für Osloer Verhältnisse recht großen Majorstuen-Kreuzung liegt. Das funktional-schicke zeitgenössische Interieur mit einer guten Mischung aus Weiß- und Türkistönen wirkte einladend. Wir setzten uns gleich an einen freien Tisch, der neben einer älteren Dame stand, die wir mit einem Nicken begrüßten. Auch dieses Café setzt auf die in Skandinavien verbreitete Kultur des Self-Services. Daher ist die erste Pflicht des Konsumenten, sich nach der Platzwahl in die Schlange an der Theke einzureihen. Es dauerte ein wenig, bis wir in die Lage kamen, die richtige Position eingenommen zu haben. Der Kaffee war stark, sein Aroma erinnerte an karamelisierte Waldbeeren, und die riesige Zimtschnecke erwies sich beim Zerteilen als Herausforderung – sie reichte eigentlich als Mittagessen.

Die Dame am Nebentisch sprach uns an, nachdem sie deutsche Wörter gehört hatte. In ihrer Jugend habe sie es in der Schule gelernt, erzählte sie uns, es später aber nicht mehr besonders gepflegt. Sie fände es schade, dass in Norwegen seit Jahren nur eine einzige Fernsehendung aus Deutschland lief, und das in gefühlt unendlichen Wiederholungen, nämlich *Derrick,* mit dem basedowäugigen Horst Tappert, der in den meisten Folgen häufig telefonierte, dabei einen aus heutiger Sicht musealen Apparat wie eine Trophäe in der Hand hielt und seinen Assistenten mit der berühmten Ansage »Harry, hol' schon mal den Wagen« instruierte. Man mag in ihm einen teutonischen Stifter, der in aktuellen Serien und Filmen so zahlreichen Handy-Szenen sehen, eine Merkwürdigkeit heutiger Drehbuchautoren, offensichtlich Beobachtungssituationen von telefonierenden Menschen als notwendigen Sprechakt in viele Filme einzubauen.

Im Jahr 2013 wurde publik, dass Derrick seine Nazi-Vergangenheit als Angehöriger der SS-Panzergrenadier-Division *Totenkopf* lange vor der TV-Öffentlichkeit versteckt hatte, was ein seltsames Licht auf den moralinsauren Grundton der Derrick-Serie wirft. In Norwegen nicht ertappt und sehr beliebt, hatte Tappert 1990 von der Kommune Hamarøy ein Angebot über ein kostenloses Stück Land für ein Ferienhaus erhalten und dort ein solches errichtet. Überdies hatte seine Gattin Ursula wohl die gleiche Schauspielschule wie Hamsuns Tochter Ellinor besucht. Nicht verschwiegen werden darf, dass Horst Tappert im Jahre 2002 noch den

Willy-Brandt-Preis erhalten hatte, einen Preis, der nach einem Politiker benannt worden war, der am norwegischen Widerstand gegen die Nazis aktiv beteiligt war.
Die Frau erzählte, dass ihr Sohn in den 90er Jahren, 25-jährig, bei einem Autounfall auf Bygdøy ums Leben gekommen war. Sein Fahrrad wurde von einem viel zu schnell fahrenden PKW erfasst, an einem Sonnabendmorgen. Innerlich quietschte das Bremsgeräusch in uns, der Aufprall schepperte dumpf. Der Fahrer war alkoholisiert, worauf in Norwegen hohe Strafen stehen; der junge Mann war nicht zu retten. Heute sei sie hier in der Stadt, um den Vertrag für eine neuerworbene Eigentumswohnung zu unterzeichnen. Es sei nicht einfach, in Oslo etwas Geeignetes zu finden, doch nun habe sie Glück gehabt: Das Haus stehe ganz in der Nähe, eine wirklich schöne Gegend. Sie denke sehr oft an ihren Sohn und frage sich, was wohl aus ihm geworden wäre, wenn das Schicksal ihn nicht so jäh aus dem Leben geworfen hätte. Sie arbeitet seit Jahrzehnten als Anwältin und denkt noch nicht daran, in Pension zu gehen.
Sicherlich hätte ihr Sohn heute neben ihr gesessen statt eines reisenden Paares aus Deutschland, einfach, um mit ihr den Tag zu feiern, an dem sie die neue Wohnung erstanden hatte. Verhandeln konnte sie bestimmt selbst gut genug. Ich fragte mich: Wie gehen junge und alte Menschen in Norwegen miteinander um? Eine Erinnerung dazu tauchte auf, die Jahre zurückliegt: In der Innenstadt von Bergen nahm ich einmal einen deutlich als Rocker erkennbaren Mann mittleren Alters wahr, in voller Leder- und Nietenmontur und mit den Insignien *Born to be wild* auf dem Rücken seiner schwarzen Lederjacke. Er führte eine betagte Dame am zittrigen Händchen behutsam durch die Stadt. In Deutschland wäre der Rocker vermutlich bemüht gewesen, weder von Freund noch von Feind gesehen zu werden. Hier in Norwegen war es selbstverständlich, dass er Mutti (oder Oma?) hilfreich zur Hand ging. Vermutlich hatte sich auch Derrick in norwegischer Luft stets vorbildlich bewegt, so wie

in der Derrick-Serie als Oberinspektor. In der ersten Staffel sprach er in der Folge *Tod am Bahngleis* den aus heutiger Sicht bemerkenswerten Satz: »Haltet die Leitung für den Rückruf frei« ins analoge Telefon.

Kjerringøy

Wer das Foto spontan betrachtet, wird die drei weißgestrichenen Gebäude, auf die ein Bretterweg zuführt, ein historisches Ensemble, wie man an Fenster- und Türformen zu erkennen vermeint, vielleicht nicht auf Anhieb identifizieren können. Eine Schule vielleicht oder Teil eines älteren militärischen Komplexes, die beiden Nebengebäude könnte man für Lager oder Ställe halten. Auch eine geographische Verortung ist schwierig; zwar deuten die Holzverschalungen der Gebäude auf Skandinavien oder Teile Osteuropas hin. Der Himmel ist wolkenverhangen, die kleine Erhebung rechts hinter dem Haupthaus deutet auf Mittelgebirge hin. Das Gebäudeensemble liegt am Wasser, der Holzweg im Vordergrund ist offenbar ein Kai, an dem Schiffe anlegen können. Die Strandzone ist kurz, was in Kombination mit dem sehr ruhigen Wasser im Vordergrund auf einen Binnensee hindeutet.

Denkt man. Tatsächlich ist das Wasser das europäische Eismeer und die Gebäude sind Teil eines nordnorwegischen Handelsplatzes, der bis in die fünfziger Jahre des vergangenen Jahrhunderts betrieben wurde. Seine große Zeit hatte der Handelsplatz, ökonomisch eine Kombination aus Kramhandel, Gasthaus, Post-, Telegraphen- und später Telefonstation, Landwirtschaft, Küstendampfer-Anleger, Fischaufkäufer und Lastbootunternehmen, um die Mitte des 19. Jahrhunderts, als die abgebildeten Gebäude entstanden. Der bekannteste Unternehmer auf Kjerringøy war nur eingeheiratet, er hieß Erasmus Kjerskov Zahl und hat den jungen Knut Hamsun als Mäzen und als Rollenmuster gestützt.
Nachdem das Ensemble seit 1960 unter Denkmalschutz gestellt und in ein Museum umgewidmet wurde, diente es verschiedentlich als Filmkulisse. So für die Verfilmungen der Hamsun-Romane *Benoni und Rosa*, *Pan* und *Die Schwärmer* (*Der Telegraphist* als Filmtitel), aber auch für einen Roman der norwegischen Gegenwartsautorin Herbjørg Wassmo, *Das Buch Dina*. Titelheldin ist eine kraftstrotzende Walkyre, die ihre Weiblichkeit vorzugsweise mit männlichen Attributen umgibt und z.B. Zigarren raucht wie ein George-Grosz-Kapitalist.
Ein Urbild des norwegischen Staatsfeminismus also? Das passte: Denn der Name »Kjerringøy« soll sich von einer Witwe herleiten, die einst hier gewohnt hat.
Übrigens ist das hier gezeigte Foto dem in Wikipedia abgedruckten (bei fast gleichem Standpunkt!) überlegen, nicht nur wegen des geheimnisvollen Nebels, sondern vor allem, weil es mehr von dem dritten Haus – zwischen den beiden im Vordergrund – erkennen lässt, das in der spezifischen Tiefe des Fotos die Tiefe des Ensembles zeigt.

Norwegische Bildwelten

Film

Der norwegische Film ist in Europa weniger bekannt als der schwedische mit seinen Großregisseuren Ingmar Bergman und Bo Windegard oder das dänische Filmschaffen mit den vielen innovativen Kräften wie Lars von Trier, Thomas Winterberg oder Susanne Bier. Die erste Verfilmung von *Segen der Erde* - nach dem Nobelpreisroman von Knut Hamsun - wurde im Jahre 1921 von dem dänischen Regisseur Gunnar Sommerfeldt mit dänischen und norwegischen Schauspielern realisiert, was auch ein Indiz für die weiter fortgeschrittene Filmindustrie in der ersten Hälfte des 20. Jahrhunderts in Dänemark und Schweden ist. NETFLIX entdeckte unlängst den frühen skandinavischen Film, der gegen Ende des 19. Jahrhunderts in Gang kam, als Nischenprogramm für seinen Streaming-Dienst.
Produktionen, die durch länderübergreifende Kollaborationen gekennzeichnet sind, stellen nahezu die Regel dar, und die vielfältigen Verbindungen der skandinavischen Länder untereinander werden insbesondere bei der Filmproduktion offensichtlich: So gilt die Norwegerin Liv Ullmann sicherlich als die bekannteste Darstellerin in Bergman-Filmen. In Norwegen ist gleichwohl ein eigenständiges Filmschaffen entstanden, das insbesondere in den letzten 20 Jahren formal und inhaltlich eigenwillige Produktionen hervorgebracht hat. Flankiert wird dies von Fernsehserien, die auch im zentralen Europa von einem wachsenden Publikum wahrgenommen werden.
Wayward Girl (1959) mit Liv Ullman in ihrer ersten Hauptrolle, Arne Skouens *Ni Liv* (*Neun Leben*, 1957) und Erik Løchens *Jakten* (*Die Jagd*, 1959) gelten als wegweisende Produktionen des norwegischen Kinos nach dem Zweiten Weltkrieg. In den siebziger Jahren setzten sich einige Regisseurinnen im norwegischen Kino durch: Anja Breien,

Vibeke Løkkeberg und Laila Mikkelsen. In *Arven* (*Next of Kin*) aus 1979 hat Anja Breien in einer theatralen Inszenierung, die an die frühen Filme Rainer Werner Fassbinders erinnert, die Degeneration einer bürgerlichen Familie im Angesicht von Erbschaftsstreitigkeiten ins Bild gesetzt. Eine der Hauptfiguren, die 16jährige Hanna (gespielt von Hæge Juve), wird zwischen unterschiedlichen Interessenlagen hin- und hergezerrt und schaut sich das unwürdige Spiel der Erwachsenen hilflos und ungläubig an. Die in dem Film angelegte Kapitalismuskritik wird in einer Art »Familienaufstellung« dargestellt. In Breiens *Forfølgensen (The Witch Hunt)* aus 1981 werden zeitgenössische feministische Fragen in einem historischen Rahmen eindrücklich thematisiert. Die Dämonisierung weiblicher Eigenständigkeit und Sexualität in der ländlichen Kultur des 17. Jahrhunderts wird mit einer nahezu modernen Frauenfigur ins Bild gesetzt: Eli Laupstad (Lil Terselius) kehrt in ihr Herkunftsdorf zurück und wird sogleich Zeugin einer schrecklichen Hexenjagd. Obwohl sie dieses Ereignis erschüttert, bleibt sie dort und setzt ihre Fähigkeiten bis hin zur selbstständigen Tätigkeit in einem kleinen Gehöft ein. Sie verliebt sich in den Stallknecht Arslak, der rasch ihre Gefühle erwidert, jedoch verunsichert über Elis Direktheit ist. Nachdem Arslaks seit Jahren verschwundener Vater im Eis eines gekalbten Gletschers entdeckt wird, distanziert er sich von seiner Liebe, die ihn aber nicht loslässt. Dies wird von ihm als teuflischer Zauber empfunden, und die Dorfbewohner unterstützen ihn bei seinem Verrat an Eli, die daraufhin die Folter einer Inquisition ertragen muss und schließlich ihrer Hinrichtung im Wasser zugeführt wird. Der Film ist sehr sorgfältig inszeniert und überzeugt mit einer eigenständigen Bildsprache zwischen Kammerspiel und norwegischer Landschaftsmagie. Pionierinnen wie Anja Breien haben wichtige Impulse für den norwegischen Film geliefert, die in jüngerer Vergangenheit zu einer vielschichtigen Filmproduktion führte, die große internationale Beachtung fand.

Schräge Tragikomödien wie der 2001 von Petter Næss nach dem Roman von Ingvar Ambjørnsen gedrehte mehrteilige Film *Elling*, erzählt die Geschichte eines Muttersöhnchens, das nach dem Tod seiner Mutter in einem Schrankversteck aufgefunden und daraufhin in die Psychiatrie eingewiesen wird. Dort triff er einen anderen Außenseiter, mit dem er sich anfreundet und ein neues Leben startet, das schließlich unverhofft als Kultautor »E« weitergeht, der seine Poesie auf Sauerkrautpackungen in Supermärkten verbreitet. Hierzu wurde auch ein zweiter Teil gedreht, der die Vorgeschichte Ellings mit seiner Mutter und deren gemeinsame Reise nach Mallorca erzählt.

Die Kunst des negativen Denkens von Bård Breien aus 2006 macht deutlich, dass sarkastischer Humor nicht nur eine Domäne der Briten ist, sondern in Norwegen eine besondere Ausprägung entwickelt hat. Die Geschichte des querschnittsgelähmten Heavy-Metal- und Waffenfans Geir, der eine Therapiegruppe mit anderen Menschen mit Handicaps zunächst planmäßig stört, dann aber mit eigener Schocktherapie zu neuen Lebensperspektiven verhilft, ist voller brillanter ironischer Wendungen.

Aus 2007 ist der Film *O' Horten* von Bent Hamer über einen rückhaltlosen Lokführer, der nach seiner Pensionierung sein Leben neu sortieren muss und dabei in eine Serie skurriler Situationen gerät, die ihm schließlich zu einem neuen Lebensentwurf verhelfen. Ein subtiler Film über Abschiede und das Altern, die Hauptrolle spielte Bård Owe auf stille und eindrückliche Weise.

Mit Schriftstellern wie z.B. John Nesbø verfügt Norwegen über literarische Vorlagen, die auch das Genre des Thrillers auf ein neues Level gehievt haben. So kann z.B. die Geschichte eines - in seinem Empfinden - zu klein geratenen Hochstaplers, der das vermeintlich begehrte Luxusleben seiner mindestens einen Kopf größeren Vorzeigegattin nur mit Kunstdiebstählen zu finanzieren in der Lage ist und dabei an einen ehemaligen Elitesoldaten gerät, was zu einem unglaublichen Duell führt. *Headhunters* von Morten Tyldum aus dem Jahr 2011 besticht trotz eines vergleichsweise kleinen Etats mit einer exzellenten Produktion und hervorragenden Hauptdarstellern (Aksel Hennie, Synnøve Macody Lund, Nikolaj Coster-Waldau). Der Film war auch international sehr erfolgreich. Aksel Hennie spielte 2008 die Hauptrolle in *Max Manus – Man of War*, einem Film über den gleichnamigen norwegischen Widerstandskämpfer und Nationalhelden. In Tyldums Spielfilmdebüt aus 2003 *Buddy* besetzte Hennie bereits eine Hauptrolle, ebenso der mittlerweile international bekannte Nicolai Cleve Broch sowie Anders Baasmo Christiansen und Pia Tjelta, allesamt mit einer soliden Theaterausbildung ausgestattete Kräfte. Der ausgesprochen frische Film über den jungen Plakatkleber Kristoffer, dessen schräges Videotagebuch durch einen Zufall zum TV-Hit wird, überrascht neben krassen Gags mit seiner treffsicheren Beobachtung juveniler Liebesturbulenzen. Nach *Headhunters* realisierte Tyldum mit *The Imitation Game* (2014) eine große internationale Produktion über die wechselvolle Geschichte Alain Turings und seiner Arbeit an der Dekodierung der deutschen Verschlüsselungsmaschine *Enigma*. Der mit Benedict Cumberbatch und Keira Knightley in den Hauptrollen besetzte Film wurde in acht Kategorien für einen Oscar nominiert, schließlich errang er die Trophäe in der Kategorie *Bestes adaptiertes Drehbuch*. Tyldum führte auch Regie in einer zum Kinofilm ausgestalteten Folge der auch in Deutschland (unter dem Namen *Der Wolf*) beliebten Serie *Varg Veum*, 2016 realisierte er im Science-Fiction-Genre die Hollywood-Produktion *Passengers* mit Jennifer Lawrence und Chris Pratt.

Ikke nakken (dt. *Die Farbe der Milch*) aus dem Jahre 2004 ist ein preisgekrönter Jugendfilm von Torun Lian, in dem es um die erwachende Sexualität eines jungen Mädchens geht. Auch aufgrund ihrer chaotischen Familie hält Selma Beziehungen für ein gefährliches Ärgernis, mit dem sie eigentlich nichts zu tun haben will. Doch in einem ereignisreichen

Sommer wird sie von ihrer Pubertät eingeholt, und dem coolen Andy gelingt es, sich Selma anzunähern, die schließlich ihre Gefühle für ihn eingesteht. Die beiden Hauptrollen – besetzt mit Julia Krohn und Bernhard Naglestad – sind von beeindruckend spielenden Laiendarstellern besetzt. Der Film glänzt durch seine einprägsamen Bilder und die kecken Statements Selmas, die lieber Wissenschaftlerin werden will, statt sich der Liebe hinzugeben.

Kon-Tiki aus dem Jahr 2012 unter der Regie von Joachim Rønning und Espen Sandberg über den norwegischen Abenteurer und Forscher Thor Heyerdahl (gespielt von Pål Sverre Valheim Hagen) erzählt von dessen Expedition aus dem Jahr 1947, die nachweisen sollte, dass Polynesien vor ca. 1500 Jahren von Südamerika aus besiedelt wurde. Um die Theorie zu bestätigen, organisierte Heyerdahl mit einer Handvoll Gleichgesinnter eine Überfahrt auf einem Floß, wie sie nach seiner Einschätzung damals möglich gewesen wäre. Nach einer dramatischen Seereise auf dem Kon-Tiki-Floß von etwa 7000 Kilometern, läuft das Wasserfahrzeug im Tuamotu-Archipel auf Grund, doch Heyerdahl konnte auf diese Weise zeigen, dass die Überfahrt möglich gewesen wäre. Der Film geizt nicht mit frei erfundenen erzählerischen Zutaten.

Ebenfalls internationale Erfolge erzielte Joachim Trier, dem mit *Oslo, 31. August* (2011), der Durchbruch als Regisseur gelang. Der Film, der einen Tag im Leben eines jungen Mannes zeigt, der nach einer Drogentherapie versucht, seinen Platz in der Gesellschaft neu zu bestimmen, pendelt subtil zwischen Ausdruckswillen und Sprachlosigkeit, nebenbei porträtiert er Norwegens Hauptstadt. Die Hauptrolle wird von Anders Danielsen Lie bravourös verkörpert. Trier wurde in Kopenhagen geboren, wuchs aber in Oslo auf. Sein Vater war als Tontechniker für den bis heute mit 5,5 Millionen verkauften Eintrittskarten größten norwegischen Publikumserfolg *Flåklypa Grand Prix* von Ivo Caprino beschäftigt, einem Animationsfilm aus dem Jahr 1975.

Trier, der weitläufig mit dem dänischen Regisseur Lars von Trier verwandt ist, stammt aus einer Familie, in der auch die Mutter und der Großvater schon im Filmgeschäft tätig waren. Er gilt heute als ein Hauptvertreter des neuen norwegischen Films. Sein erster abendfüllender Spielfilm *Auf Anfang* (*Reprise*) aus dem Jahr 2006 handelt von zwei jungen Freunden, die beide Schriftsteller werden wollen und unterschiedliches Glück haben, was die Annahme ihres Manuskriptes bei einem Verlag betrifft. Philipp wird über Nacht bekannt, er kommt mit dem Ruhm aber nicht zurecht, er ist sehr talentiert, steht sich mit seinen Zweifeln aber selbst im Wege und setzt die Beziehung zu seiner Freundin Kåri aufs Spiel. Erik gelingt es später, seinen Titel an einen Verlag zu bringen, während Philipp nach einer Psychose in der Psychiatrie landet und nicht mehr schreiben will. Erik versucht immer wieder, den Freund zu überreden, sich wieder an den Schreibtisch zu setzen, doch Philipp hat mehr damit zu tun, seine zerstörte Liebesbeziehung wieder *auf Anfang* zu bringen. Der wegen seiner filmischen Mittel deutlich von Werken der französischen *Nouvelle Vague* beeinflusste Film schwankt zwischen Dialogen, die Entscheidendes auslassen, und Wahrnehmungen und Bewusstseinszuständen, die kaum zu versprachlichen sind. Die Geschichte fängt subtil Stimmungen ein, bei denen es um die Grenzen des Schreibens ebenso geht, wie um die Grenzen von Freundschaft. Die Filmmusik spielt eine große symbolische Rolle und Trier bedient sich eines elaborierten Zeichenarsenals von Nico und Joy Division bis zu Blanchot und Heidegger.
Triers vierter Film, *Thelma*, hatte im September 2017 seine Premiere im Rahmen des Internationalen Filmfestivals von Toronto. Dieses Coming-of-Age Drama zeigt die Geschichte einer jungen Frau, die bislang recht isoliert und streng religiös erzogen auf dem Lande gelebt hat und nun in Oslo ein Biologiestudium aufnimmt. Sie bewegt sich allein durch die neue Welt, erfährt dann aber eine zärtliche Freundschaft zu einer jungen Frau und wird mit ihr unbe-

kannten Dimensionen des Lebens konfrontiert. Gleichzeitig durchlebt sie Anfälle und Zusammenbrüche, die mit ihrer Vergangenheit zusammenhängen. Sie verfügt über mentale Kräfte der Teleportation, die sie aber nicht steuern kann, und sie hatte als Kind Anteil am Tod ihres jüngeren Bruders im Eis des Sees vor ihrem Elternhaus. Ihr Vater, ein Arzt strengen Glaubens, kontrolliert nicht nur alle Familienmitglieder, sondern er setzt auch Medikamente, die eigentlich nicht für Kinder geeignet sind, bei Thelma ein, deren Kräfte er als teuflisch einschätzt. Diese Kräfte sind auch schon bei seiner Mutter aufgetreten, mit der er eine medikamentöse Behandlung begann und die daraufhin bewegungsunfähig in einem Hospital landete. Der Film weist verblüffende Wendungen auf. Durchaus konsistent ist das Happy End, in dem Thelma ihre querschnittsgelähmte Mutter heilt und in der letzten Szene die zärtliche Beziehung mit ihrer Freundin Anja verwirklicht. Formal und atmosphärisch ist der Film bemerkenswert, die Darstellerin der Thelma, Eili Harboe, überzeugt durch ihr intensives und variantenreiches Spiel.
2021 drehte Joachim Trier *Verdens verste menneske* (dt. *Der schlimmste Mensch der Welt*) mit Herbert Nordrum, Anders Danielsen Lie und Renate Reinsve in den Hauptrollen, in denen die fast dreißigjährige Julie durch die Vielzahl von Möglichkeiten, die typisch für ihre Generation sind, in emotionale und mentale Wirrnisse gerät. Sie kann sich weder in Partnerschaften ganz auf den anderen einlassen, noch entscheiden, welche berufliche Existenz sie in Zukunft ausüben will. Das Ganze ist im Format einer romantischen Komödie inszeniert, jedoch mit äußerst wirkungsvollen formalen Mitteln angereichert, die wieder an die *Nouvelle Vague* erinnern lassen. Wie lassen sich persönliche Schwankungen und Wechselbäder in einem Leben, in dem überall das Chaos lauert, als die eigene Geschichte verstehen? Dieser ungewöhnliche Film zeigt das auf sehr charmante Art und Weise. Die beiden in jeder Hinsicht so unterschiedlichen Regisseure Joachim Trier und Morten Tyldum haben

für den norwegischen Film wichtige Marken gesetzt. Und es gibt weitere Filme norwegischer Provenienz, die international Aufsehen erregten. Erwähnt sei unbedingt Hans Petter Molands *Pferde stehlen* nach Per Pettersons Roman (*Ut og stæle hester*) aus dem Jahr 2019. Der Endsechziger Trond (Stellan Skarsgård) zieht in ein abgelegenes Haus im Wald, um den Tod seiner Frau zu verarbeiten, doch seine ländliche Zurückgezogenheit wird bald gestört, als er einen Nachbarn trifft, der ihm merkwürdig vorkommt – und tatsächlich: Die beiden kennen sich aus der ihrer Jugend. Trond hatte als Teenager seinen Vater mehrere Wochen bei Waldarbeiten getroffen, um Bäume zu fällen, und sich mit einem Jungen aus der Gegend angefreundet. Gemeinsam gingen sie gelegentlich »Pferde stehlen«, d.h. sie nahmen sich einfach Rösser aus der Gegend für wilde Ausritte. Sein Nachbar ist der Bruder des Freundes, der ebenso wie Trond in diesem Sommer traumatische Erfahrungen machte. Während Tronds Vater (Tobias Santelmann) unmittelbar nach den Waldarbeiten die Familie verließ, litt der Nachbar unter einem von ihm verursachten Unfall beim Spiel mit einem Gewehr, bei dem er seinen Zwillingsbruder erschossen hatte. Das tragische Geflecht wird noch erweitert, da Tronds Vater mit der Mutter (Danica Curcic) des Jungen eine Liaison einging. Weder Trond noch sein Nachbar sind in der Lage, über das Geschehene zu sprechen. Dieses Unaussprechliche wird sehr eindrücklich in Szene gesetzt. In diesem Film werden auch Kriegsereignisse erzählt – ein Widerstandskämpfer wird von deutschen Soldaten am rettenden schwedischen Ufer erschossen. Das Genre des Kriegsfilms bekleidet eine bedeutende Rolle im heutigen norwegischen Kino.
Drei Beispiele, die sich mit einem der dramatischsten Ereignisse der norwegischen Geschichte befassen, mit der Okkupation Norwegens durch die Nazis und dem Widerstand dagegen. *The King's Choice (Kongens Nei)* aus dem Jahr 2016 unter der Regie von Erik Poppe gedreht, mit Jesper Christensen, Anders Baasmo Christiansen und Tuva Novotny in

den Hauptrollen, erzählt die Geschichte des Königs Haakon VII, der vor der Entscheidung stand, sich entweder den deutschen Besatzern zu unterwerfen oder in den Widerstand zu gehen. Die Deutschen griffen Norwegen zwischen dem 8.-11. April 1940 massiv an, das norwegische Militär war darauf nicht vorbereitet. Der König, die Regierung und das Parlament verließen Oslo. Nachdem sie die wichtigsten norwegischen Städte besetzt hatten, schlugen die Deutschen dem norwegischen König die totale Kapitulation vor, um Blutvergießen zu vermeiden. Doch der König kapitulierte nach reiflichen, gleichzeitig tragischen Überlegungen nicht. Er floh mit seinem Gefolge in Richtung England und wurde zum Symbol norwegischer Autonomie. Seine Entscheidung soll den Zweiten Weltkrieg um mindestens ein Jahr verkürzt haben.

Ende März 1943 nahmen zwölf norwegische Widerstandskämpfer in einem Fischkutter Kurs auf Tromsø. Ihr Ziel war es, deutsche Stützpunkte in Norwegen zu sabotieren, doch die Mission schlug aufgrund eines Verrats fehl. Einer aus der Gruppe wurde erschossen, zehn andere von der Gestapo gefangengenommen, verhört, gefoltert und später hingerichtet, doch einem gelang die Flucht, *Jan Baalsrud* (1917–1988). Seine Geschichte ist in Norwegen sehr bekannt. Er kämpfte sich in einem harten Winter durch Nordnorwegen und wurde von der Bevölkerung auf riskante Weise versteckt und geschützt. Er entwickelte eine unglaubliche Leidensfähigkeit, kam unter eine Lawine, wurde schneeblind und verlor mehrere Zehen durch Erfrierungen. Er schaffte es trotzdem, auch mit Hilfe samischer Bewohner des Nordens, im Mai 1943 nach Schweden zu fliehen, obwohl sein Vorsprung zu den Verfolgern äußerst gering war. Der Film *The 12th Man – Kampf ums Überleben (Den 12. mann)* erschien 2017 unter der Regie von Harald Zwart. Die Hauptrollen spielten Thomas Gullestad, Jonathan Thys Meyers und Marie Blokhus. Das Motiv der Befreiung aus vermeintlich aussichtslosen Lagen ist in Norwegen aufgrund der Widerstandsgeschichte gegen die Nazi-Wehrmacht lebendig und beliebt.

Ähnlich verhält es sich mit dem Film *Max Manus - Man of War* aus dem Jahre 2008. Auch die Geschichte dieses Widerstandskämpfers ist in Norwegen allgemein bekannt. Der Film basiert auf den autobiographischen Büchern *Det vil helst gå godt* und *Det blir alvor* von Max Manus und erzählt den Widerstandsgeist junger Norweger, die die deutsche Okkupation mit gezielten Sabotageakten bekämpften und im Oslofjord wichtige Kriegsschiffe der Nazis versenkten, die daraufhin den Gestapo-Offizier Fehmer (Ken Duken) auf den Widerstand ansetzten. Der Drehbuchautor Thomas Nordseth-Tiller recherchierte lange Jahre für diesen Film, der am 19. Dezember 2008 in Oslo in Anwesenheit des norwegischen Königs Harald V. und der verbliebenen Familie von Max Manus uraufgeführt wurde; 2010 kam eine synchronisierte Fassung in die deutschen Kinos. Die Hauptrolle spielte Axel Hennie, sein »Buddy« Nicolai Cleve Broch ist mit von der Partie, und die Regie führten Joachim Rønning und Espen Sandberg. Nahezu jeder Norweger soll den Film mittlerweile kennen, in Deutschland besteht hingegen ein deutlicher Nachholbedarf, Ausmaß und Brutalität des Norwegenfeldzuges sind hier immer noch weitgehend unbekannt. Es ist zu hoffen, dass diese engagierten Filme, die freilich allesamt das Format der »Heldenreise« bedienen, dazu beitragen, dass sich das ändern kann.

Auch das Genre des Katastrophenfilms, bislang eine Domäne Hollywoods, wurde in den letzten Jahren in Norwegen erprobt. Mit einem nahezu asketischen Budget von 50 Millionen norwegischen Kronen gelang dabei unter der Regie von Roar Ulthaug im Jahr 2015 mit *Bølgen* (deutsche Fassung: *The Wave – Die Todeswelle*) ein Film, der im Gegensatz zu vielen anderen Produktionen aus diesem Genre ästhetisch eigene Wege geht und ethisch die Herausforderungen der Protagonisten herausstellt. In Norwegen gibt es hunderte von instabilen geologischen Formationen, so ist z.B. auch der Geirangerfjord, in dem die Story angesiedelt ist, davon betroffen. Sicherlich ist die Handlung vorhersehbar: Kristian (Kristoffer Joner) und Idun (Ane Dahl Torp) leben nahe dem Geirangerfjord, er arbeitet in einer geologischen Forschungsstation, sie in einem Hotel. Die Geologen sollen Veränderungen an den Felswänden untersuchen und frühzeitig Alarm auslösen, falls durch einen Erdrutsch ein Tsunami droht. Kristian ist durch beunruhigende Messungen alarmiert, doch sein Chef (Fridjov Såheim) spielt die Bedrohung herunter, da die Touristensaison beginnt. Schließlich setzt das spannend inszenierte Unglück ein, und das Urlaubsparadies wird von einer gigantischen Flutwelle erfasst. 2018 gab es hierzu eine Weiterführung mit dem Titel *Skjelvet* (dt. Fassung: *The Quake. Das große Beben*) unter der Regie von John Andreas Andersen, bei deren Zuspitzung Teile der neuen Osloer Skyline zu Bruch gehen, was mit eindrucksvoller Computergrafik hyperrealistisch umgesetzt wurde.

Serien

In *Beforeigners* spielt Oslo die Hauptrolle. Die erste Folge startet mit dem 38500 qm umfassenden, vom weltweit aktiven Architekturbüro *Snøhetta* entwickelten Opernhaus, das nicht nur kulturellen Aufführungen eine Bühne bietet, sondern auch außen und innen ein beliebter Treffpunkt ist. Hier stranden »Neuankömmlinge« aus dem Neolithikum, der Wikingerzeit und dem 19. Jahrhundert. Sie tauchen aus dem Oslo-Fjord auf und wissen nicht, wie und wo sie gelandet sind. Die Serie fängt das neue Oslo mit seiner Skyline von 12 Hochhäusern im Stadtteil Björvika ein, die sich nahezu futuristisch östlich der Innenstadt mit zahlreichen architektonischen Details und multifunktionalen Nutzungen an- und ineinanderreihen. Die Gebäude sind allesamt lang und schmal, sie weisen Zwischenräume auf und ähneln, aus der Entfernung als Ensemble gesehen, einem Barcode. Bei ihrer Planung und Entwicklung wurde die Durchlässigkeit zum

Fjord hin ebenso berücksichtigt wie der Lichteinfall und der Luftaustausch. Hier ist ein Stadtteil entstanden, der in *Beforeigners* von »transtemporalen« Akteuren bespielt wird, einer zeitgenössischen Transgenre-Serie mit Elementen von Science Fiction, Crime Mystery und Culture-Clash-Komödie. Die Drehbücher schrieben Anne Bjørnstad und Eilif Skodvin, die bereits gemeinsam die originelle Serie *Lilyhammer* entwickelt hatten, die Regie führte Jens Lien. Die Rahmenhandlung ist rasch erzählt: Tausende Menschen aus der Steinzeit, der Wikingerzeit und aus dem alten Kristiania tauchen im Oslo der Gegenwart auf und stellen die Toleranz der norwegischen Gesellschaft auf eine Belastungsprobe, denn rasch entwickeln sich Parallelgesellschaften, und die kulturellen Unterschiede führen zu Spannungen. Ein cleverer Kunstgriff ist dabei, dass die Gründer der norwegischen Zivilisation nun als recht wilde Fremde wiederkehren bzw. als spleenige Bürgerliche aus dem 19. Jahrhundert. Die Hauptrollen spielten in der von HBO Europe produzierten Serie die Finnin Krista Kosonen und Nicolai Cleve Broch. Die zwischen 2007 und 2012 produzierte Serie *Varg Veum*, die im Deutschen Fernsehen zunächst unter dem Namen *Der Wolf* gesendet wurde, beruht auf Romanen des Autors

Gunnar Staalesen. Die Episoden wurden in zwei Staffeln gedreht, mit Trond Espen Seim in der Titelrolle. Der an Raymond Chandlers Figur des forschen und einzelgängerischen Detektivs Philip Marlowe angelehnte Protagonist, der bei der Lösung seiner Fälle häufig selbst das Gesetz überschreitet, wird noch dadurch angereichert, dass Varg Veum ehedem Sozialarbeiter war – eine offene Gesellschaft sorgt eben auch für berufliche Durchlässigkeit. Der Viking-Beau räumt darüber hinaus erfolgreich im skandinavischen Feminat ab, alles in allem also eine gewinnende Seriengrundlage.

Die in drei Staffeln gedrehte norwegisch-US-amerikanische Serie *Lilyhammer* mit dem aus Bruce Springsteens *E-Street-Band* bekannten Gitarristen Steven Van Zandt in der Hauptrolle, der auch schon in *The Sopranos* mitgespielt hatte, wurde 2012 im norwegischen Sender NRK1 ausgestrahlt und stellte die erste eigenständige Produktion von NETFLIX dar. Neben Anne Bjørnstad und Eilif Skodvin war auch Van Sandt am Drehbuch beteiligt. Regie führten Simen Alsvik, Lisa Marie Gamlem und Geir Henning Hopland. Im Mittelpunkt steht die Geschichte des ehemaligen New Yorker Gangsters Frank Tagliano, der im Rahmen eines Zeugenschutzprogrammes im norwegischen Lillehammer, das er während der olympischen Winterspiele 1994 via TV kennengelernt hatte, ein neues Leben anzufangen versucht. Seine neue Identität ist die des Einwanderers Giovanni Henriksen, der allerdings in seiner Auslegung eines dynamischen Unternehmers die alten Mafia-Methoden nicht ablegen kann und damit in der norwegischen Konsensgesellschaft unvorhersehbare Probleme sowie deren Lösungen hervorbringt. Die Culture-Clash-Serie, die sich den Unterschieden westlicher Gesellschaften annimmt, sprüht vor sarkastischem Humor und irrwitzigen Einfällen. Die im Jahr 2015 mit der ersten Staffel ausgestrahlte Serie *Okkupert* (Titel der deutschen Fassung: *Occupied*) entstand in norwegisch-schwedisch-französischer Koproduktion nach einer Idee von Jo Nesbø und Erik Skjoldbjærg. Bereits vorab sorgte die Serie für Schlagzeilen, denn *Occupied* handelt von einer fiktiven Invasion Russlands in Norwegen. In der politischen Realität protestierte die russische Botschaft gegen die Ausstrahlung der Sendung in Anbetracht der Ukraine-Krise 2014. Sie sah sich zu folgender Stellungnahme veranlasst: »Obwohl die Erfinder der Serie mit großem Nachdruck betonen, dass der Plot rein fiktional sei und angeblich nichts mit der Wirklichkeit zu tun habe, so zeigt die Serie doch spezifische Länder. Und unglücklicherweise wurde Russland die Rolle des Aggressors zugewiesen. [...] Es ist bedauerlich, dass sich die Erfinder der Serie entschlossen haben, ausgerechnet zum 70. Jahrestag nach Ende des Zweiten Weltkriegs die norwegischen Zuschauer - in der schlimmsten Tradition des Kalten Krieges - mit einer nicht existenten Gefahr aus dem Osten zu erschrecken, so als hätten sie den heldenhaften Beitrag vergessen, den die sowjetische Armee bei der Befreiung des nördlichen Norwegens von den Nazi-Besetzern geleistet hat.« Anlass der – fiktionalen – Okkupation ist die Kontrolle der Ölförderung, aus der die amtierende norwegische Regierung eigentlich aussteigen will, andere Mächte jedoch nicht, nämlich die Europäische Union und der Kreml. Unter den derzeitigen Ereignissen des Krieges in der Ukraine wirkt die Serie noch bedrohlicher. Die Hauptrollen wurden von Henrik Mestad, Ane Dahl Torp, Eldar Skar und Ragnhild Gudbrandsen gespielt. Regie führten Camilla Strøm Henriksen, Erik Skjoldbjærg, Erik Richter Strand, Jens Lien und Eva Sørhaug und andere. Insgesamt wurden bis 2019 drei Staffeln produziert.

Heimebane (*Home Ground*) spielt im Fußballmilieu und wurde von 2018 bis 2019 in zwei Staffeln für das norwegische Fernsehen unter der Regie von Arild Andresen produziert. Helena Mikkelsen, gespielt von Ane Dahl Torp, spielt die erste weibliche Fußballtrainerin in der norwegischen *Eliteserien*. Ihr in Ulsteinvik an der norwegischen Südwestküste beheimateter Club *Varg IL* versucht, mit der neuen Trainerin eine neue Ära einzuleiten. Sie muss persönlich viele schwierige Situationen meistern, auf einen ehemaligen Auslandsprofi, der ihr als Konkurrent unterliegt, zugehen, und den begnadeten, aber labilen Jungstar Adrian (herausragend gespielt von Axel Bøyum) in die Mannschaft zurückholen. Ein gelungener Kniff der Serie ist, den ehemaligen norwegischen Profi John Carew in die Serie einzubauen, der auch als Schauspieler eine sehr gute Figur macht und in mancher Folge Kostproben seiner exzellenten Ballbehandlung darbietet. Viele Themen aus der Fußballwelt, die nicht nur mit dem Sport zu tun haben, werden in Heimebane ins Bild gesetzt, von der Treue zum Verein bis zur sexuellen Belästigung und von korrupten Machenschaften bis zur homoerotischen Liebe. Torp, Bøyum und Carew brillieren mit facettenreichem Spiel, das von zarten kammerspielartigen Szenen bis zu expressiven Ausbrüchen auf dem Pitch reicht und von der einzigartigen norwegischen Landschaft umrahmt wird.

Auch *Valkyrien* (2017) ist eine Serie, die unter der Regie von Erik Richter Strand neue Wege gegangen ist. Die im skandinavischen Film beliebten Krankenhausszenen, die ja schon Lars von Trier zu seiner wahnwitzigen Serie *Geister* verleiteten, werden hier in den Untergrund verlegt, in einen ehemaligen Luftschutzbunker der Osloer U-Bahn-Station *Valkyrien Plass*, deren oberirdischer Eingang durch einen Kiosk - den Valkyrien Grill - führt. Dort hat der idealistische Arzt Ravn Eikanger (gespielt von Sven Nordin) eine geheime Klinik errichtet, indem er einerseits mit einer illegalen Behandlungsmethode das Leben seiner todkranken Frau zu retten versucht, andererseits aber auch Personen behandelt, die sich sonst keinen Klinikaufenthalt leisten oder sich nicht legal behandeln lassen können. Beeinflusst wird er von dem ambivalenten Leif (Pål Sverre Hagen), einem postmodernen Robin Hood mit aktivistischen und verschwörungstheoretischen Zügen, der auf der medialen

Klaviatur zu spielen fähig ist. Die unterschiedlichen Episoden thematisieren die Fragilität heutiger Gesellschaften.

Skam ist eine Fernseh- und Webserie für Jugendliche über den Alltag von Schülern der Hartvig-Nissen-Schule in Oslo. Sie wurde vom norwegischen Fernsehsender NRK produziert, der mit der Serie eine jugendliche Zielgruppe anvisierte. Seit 2015 wurden insgesamt 4 Staffeln realisiert. Eine Gruppe von Teenagern in Oslo bewegt sich in der sozialen Hierarchie ihrer Schule. Die jungen Leute haben Probleme mit Mobbing, Liebe und allem, was Teenager bewegt. In der ersten Staffel standen die Beziehungen von Eva (Lisa Teige) im Vordergrund. Zum nationalen Thema wurde *Skam*, als sich Noora in der zweiten Staffel in den rätselhaften Beau William (Thomas Hayes) verliebte. In der dritten Staffel ging es dann hauptsächlich um den homosexuellen Isak (Tarjei Sandvik Moe) und seinen schwierigen Weg aus dem freikirchlichen Elternhaus zum Coming-out.

2020 wurde in Norwegen die achtteilige Serie *Atlantic Crossing* ausgestrahlt. Unter der Regie von Alexander Eik wird das Leben der norwegischen Kronprinzessin Märtha – im Film von der Schwedin Sofia Helin brillant verkörpert – nach ihrer Flucht während der Besatzung Norwegens durch die deutschen Truppen nachgezeichnet. Märtha fand Zuflucht im Weißen Haus durch den Präsidenten Roosevelt (gespielt von dem aus *Twin Peaks* bekannten Kyle MacLachlan), eine Lage, in der sie sich unentwegt für ihr Heimatland einsetzte. Märtha war die Gattin des norwegischen Kronprinzen und späteren Königs Olav V. (dargestellt von Tobias Santelmann) und stammte ursprünglich aus dem schwedischen Königshaus. 2007 wurde ihr zu Ehren eine Bronzestatue im Osloer Schlosspark aufgestellt, und zwar von ihrem Sohn, dem amtierenden König Harald V. Wie bei der Statue an der norwegischen Botschaft in Washington, zeigt auch diese Skulptur das charakteristische Winken der im Volk wegen ihrer unprätentiösen Art so beliebten Kronprinzessin.

Lykkeland (*Land of Happiness*) handelt von Ereignissen, die die jüngere Geschichte Norwegens in entscheidender Weise geprägt haben. 1969 wurde vor Norwegens Küste, nahe Stavanger, mit dem letzten Bohrversuch ein großes Ölfeld entdeckt. Was folgte, war eine wirtschaftliche Entwicklung, die das Land in einen bislang nicht bekannten Wohlstand und schließlich zur Gründung des staatlichen Konzerns *Statoil* führte. Im Mittelpunkt der Serie stehen vier junge Leute aus Stavanger, deren Geschichte sich parallel zu der Stavangers entwickelt, denn nach den Ölfunden entpuppt sich das vormals bescheidene Fischerstädtchen als Playground für internationale Goldgräber. Die Bauerntochter Anna, herausragend gespielt von Anne Regine Ellingsæter, gelangt durch ihr strategisches Talent und ihre Aufmerksamkeit für Details zu unverhofften Einflussmöglichkeiten auf die Geschicke des Ortes. Sie ist mit dem psychisch instabilen Christian liiert (Amund Harboe), einem Sohn aus gutem Hause. Ihre Trauung steht kurz bevor. Doch der Amerikaner Jonathan (Bart Edwards), der für einen Öl-Konzern Verhandlungen führt, kommt ihr emotional in die Quere, während Christian von der alleinerziehenden, tief religiösen Toril (Malene Wadel) angezogen wird. Aus dieser Melange entwickelt sich ein Norwegenporträt, das Zeit- und Individualgeschichte auf anschauliche und fesselnde Weise miteinander verbindet und filmästhetisch überzeugt. Die Serie erhielt bei *Cannesseries* zwei Preise. Das Drehbuch verfasste Mette M. Bølstad, Regie führten Petter Næss und Pål Jackmann. Deutschlandpremiere war im Mai 2022 auf *arte mediathek*.
Basierend auf Interviews mit Osloer Finanz-Akteuren entwirft *EXIT* ein düsteres und gleichzeitig facettenreiches Panorama einer elitären Micro-Gesellschaft, die sich alles leisten kann und für die der materielle Reichtum absolute moralische Entgrenzungen ermöglicht. Die vier Freunde Adam (Simon J. Berger), Henrik (Tobias Santelmann), Jeppe (Jon Øigarden) und William (Pål Sverre Hagen) sind vielfache Millionäre. Den größten Teil ihres Daseins füllen sie mit

Alkohol-, Drogen- und sexuellen Exzessen aus. Sie können sich die dunkelsten Wünsche erfüllen, empfinden jedoch allesamt eine Leere, der sie mit immer weiteren Grenzenlosigkeiten begegnen, zu denen auch heftige Gewaltakte gehören. Ihr Familienleben, das sie durch dreiste Lügen aufrechterhalten, stellt nur noch eine sinnentleerte Fassade dar. Adams Ehefrau Hermine (gespielt von Agnes Kittelsen) entwickelt nach und nach Strategien, ihre Gefangenschaft in einem fremdbestimmten Leben zu beenden. Die in drei Staffeln gedrehte Serie – norwegische Erstausstrahlung in 2019, in Deutschland ab 2020 – besticht durch außergewöhnliches Schauspiel, herausragende Ausstattung und eine exzellente Visualisierung. Der stetig tiefer werdende Abgrund und die extremen Stimmungswechsel der Figuren sind nichts für schwache Nerven, doch als Milieustudie einer turbokapitalischen Seelenlandschaft begibt sich diese Serie auf ein neues Level. Regie: Øystein Karlsen (auch Drehbuch) und Gisli Örn Garðarsson.

Dem zeitgenössischen Genre der Mockumentary zugehörig, beamt uns die Serie *Makta* (dt. Macht) in die siebziger Jahre zurück. Die junge Ärztin Gro Harlem Bruntland kämpft für das Recht auf Abtreibung und gerät dabei in die Fänge der Politik. In Deutschland unter dem Titel *Powerplay – Smart Girls Go for President* ausgestrahlt, besticht die Serie mit einer Vielzahl an überraschenden Wendungen und Einfällen, die auch immer wieder das Medium Film mutig reflektieren. Gro Bruntland, gespielt von Kathrine Thorborg Johansen, erlebt die norwegische Politik als von bräsigen, selbstgerechten Männern dominiert, die ihre Regierung langsam aber sicher zum Implodieren bringen. Gro meidet die üblichen parteiinternen Saunarunden und Alkoholexzesse. Sie setzt dem ihre eigenen Machtspiele entgegen, bis sie schließlich 1981 Norwegens erste Ministerpräsidentin wird. Das Motto der Serie, die auf »Wahrheit, Lügen und miesen Erinnerungen« basiert, wird in jeder Folge mit viel Sinn für Humor umgesetzt.

Während die erste Staffel stärker satirische Szenen beinhaltet, geht die 2024 gesendete zweite Staffel künstlerisch noch gewagtere Wege, indem jede Folge ein völlig anderes formales Prinzip anwendet. Hierzu gehören Mittel des avantgardistischen Dogma-Films ebenso wie das Theater eines René Pollesch. Einar Førde, Jan Gunnar Røise, Andrea Rudland Haave, Trond Espen Seim und Anders Baasmo brillieren in ihren Rollen ebenso wie die Hauptdarstellerin. Das Drehbuch verfassten Johann Fasting, Kristin Grue und Silje Storstein; Regie führten u.a. Stian Kristiansen, Yingvild Sve Flikke und Elle Márjá Eira. Als Ko-Produzent trat der NDR in Erscheinung.

Alle filmischen Instanzen – egal ob Schauspiel, Drehbuch, Schnitt, Regie, Musik oder Requisite - kommen in norwegischen Spielfilmen und Serien in der Regel mit großer Sorgfalt und Liebe zum Detail zur Geltung. Die hier vorgestellte Auswahl führt in diesem Sinne sehenswerte Beispiele an.

Bunker

Nord-Norwegen ist eine, so scheint es, geschichtslose Landschaft. Auf den ersten Blick unmonumental, sollte man vielleicht besser formulieren. Zwar gibt es durchaus vereinzelte monumentale Bauwerke, doch die verlieren sich sozusagen in der Weite der Landschaft.
Weil Jahrhunderte lang immer nur vergängliche Materialien wie Holz und Torf verbaut wurden, gibt es kaum Ruinen. Zuweilen stößt man auf Reste einer Trockenmauer, versteckt im Gras; man probiert einen Halm und schmeckt, dass es sich um Schnittlauch handelt: das unscheinbare, leicht zu übersehende Fundament eines kleinen Bauernhofs, von dem man später erfährt, dass er überhaupt erst 1982 abgebrannt und dann aufgegeben worden ist. Gebaut wurde er in den Jahren nach dem Zweiten Weltkrieg, seine Geschichte hatte also nicht einmal vierzig Jahre gedauert. Wenn man die Naturgeschichte des Schnittlauchs unberücksichtigt lässt. Später fand ich am Waldrand noch die rostigen, zertrümmerten Überreste des Küchenherdes, den vielleicht einmal jemand hatte sekundär verwenden wollen, bis der Betreffende herausfand, dass dies sich nicht lohnen würde.
Die scheinbare Geschichtslosigkeit der Landschaft ist an sich ein historisches Faktum; sie ist nämlich auch das Resultat einer in der Finnmark und im nördlichen Troms besonders sorgfältig durchgeführten Taktik der verbrannten Erde beim Rückzug der deutschen Wehrmacht von der sogenannten Polarfront. Hammerfest war die am meisten zerstörte Stadt des Zweiten Weltkrieges, 1945 standen nur mehr die aus Ziegelsteinen gemauerten Schornsteine der verbrannten Häuser.
Ein Relikt der deutschen Zeit, so scheint's, sind auch die vielen Bunker, die nördlichsten Reste eines einstigen Atlantikwalls, der, kaum zu glauben, über 15.000 Betonbauwerke vom südlichen Frankreich bis ins nördlichste Norwegen

umfasst haben soll: Bauwut als eine bislang wenig diskutierte Variante des aus anderen Zusammenhängen bekannten *furor teutonicus*.

Das erste Mal in den Blick geriet mir, wenige Monate nach meiner Ankunft in Tromsø, ein derartiges Bauwerk bei einer Bergwanderung, als ich entlang eines Baches lief, dessen Tal scheinbar nahtlos in einen Sund tief unter mir überging, was einen grandiosen Fernblick ermöglichte. Unten am Strand entdeckte ich eine merkwürdig kreisrunde Struktur, die ich auch durchs Fernglas nicht zu identifizieren vermochte. Eine landwirtschaftliche Anlage, dachte ich zunächst, da in der Nähe einige Höfe lagen. Ich bin eben kein Leser der Invasionsliteratur, mit der Autoren wie Erich von Däniken oder Theo Sarrazin viel Geld gemacht haben. Trotzdem radelte ich einige Tage später hin, neugierig und gespannt. Der Herbst war inzwischen noch ein paar Tage fortgeschritten, die Sonne stand noch tiefer und war so gleißend, dass ich fast mit einem Bus kollidiert wäre, den ich im grellen Sonnenlicht nicht kommen sah.

Der geheimnisvolle Kreis bestand aus vier Segmenten aus Beton, deren teils noch vorhandene Stahlluken Bunker erkennen ließen; die Lücken zwischen den Segmenten hatten offenbar eine schiesschartenähnliche Funktion. Spuren von Marsmenschen oder Türken fand ich nicht.

Wenn ich damals noch ein Stück weitergefahren wäre, hätte ich einen norwegischen U-Boot-Bunker entdeckt und erfahren, dass diese Beton-Bauerei 1945 nicht geendet hatte, sondern die Norweger, nun Mitglied der NATO und so in den Kalten Krieg verwickelt, weiterbauten. Schutzräume vor allem, aber auch militärische Anlagen. Und sehr viel größer.

Viele der 15.000 deutschen Bunker wurden nämlich offenbar mithilfe vergleichsweise kleiner Mischmaschinen gegossen, wie man sie heute noch auf zahlreichen Häusle-Baustellen zu sehen bekommt: gehobener Heimwerker-Bedarf gleichsam. Die wurden, wie ich später auf einem Foto sah, 10 oder

15 Maschinen stark zu einem Kreis geschaltet, und mit einer gewissen zeitlichen Verzögerung geleert und dann wieder gefüllt. So kam man bei diesen Bauwerken mit relativ wenigen Arbeitern aus. Kaum vorstellbar, dass in dieser Weise Großbauten wie der Trondheimer U-Boot-Bunker errichtet werden konnten, der sich nach dem Kriege als unsprengbar erwies und heute unter anderem Magazine der dortigen Universitätsbibliothek und eines Archivs beherbergen soll. Für solche gigantischen Bauwerke standen wohl auch größer dimensionierte Maschinen und sogenannter Transportbeton zur Verfügung.

Bei späteren Radtouren entlang der Küste entdeckte ich zahllose kleine Unterstände aus Beton, die ich in der Vegetationsphase vielleicht übersehen hätte. Reste einer Besatzungsarmee, deren Personal knapp zehn Prozent der norwegischen Bevölkerung umfasst hatte. Und diese Soldaten waren oft nicht in Kasernen oder Baracken untergebracht gewesen, sondern in Privathäusern. Dabei waren die nordnorwegischen Bauernhäuschen klein genug für die oft großen Familien, die sie zu beschützen hatten. Sie maßen oft etwa sechs mal sechs Meter und waren kniestöckig. Der Raum neben der Küche, von dieser erwärmt, war Alten und Kranken vorbehalten. Dort wurden die deutschen Soldaten einquartiert.

Die norwegischen Bunker des Kalten Krieges, Schutzräume aus Stahlbeton unter Kindergärten, Schulen und Universitäten, sind längst anderen, oft sportlichen Funktionen zugeführt worden: Sie dienen als Trimmräume oder, wie in Harstad, als unterirdische kommunale Badeanstalten.

Und dann brachte ich es selbst zu einem Bunker. Der Umstand, dass der überwucherte Pfad neben unserem Haus *Alarmveien* genannt wurde, hätte mich längst stutzig machen müssen. Keine Ahnung, welche Spur unser Hund verfolgte. Als ich ihm folgte, stand ich plötzlich vor einem riesigen, in den Berg eingelassenen Stahltor, das freilich verschlossen und verriegelt war. Erkundigungen ergaben, dass

der Bunker, der sogar über eine ziemlich lustlos lärmende Abluftanlage verfügte, zu haben war. Um ein billiges Geld, übrigens. Wer hatte nach dem Kalten Krieg denn schon Interesse an einer, wie mir immer noch vorkommen will, riesigen Bunkeranlage?
Ich schlug sofort zu und kaufte das Ding. In der ersten Nacht im Bunker wurde mir sofort klar, dass ich mein Leben als Bunkerbesitzer würde umstellen müssen. Aber wie und mit was stattet man einen großen, hohen Raum adäquat aus? Bislang hatte ich Kleinigkeiten gesammelt, Zuckerstücke, die ich im Kaffeehaus mitgehen ließ, Streichholzschachteln, die man in früheren Zeiten in Hotels und Bars bekam, und Zigarettenpapiere: ein Lebensmuseum einer ungesunden Lebensweise, das man mal gerade in einen dieser altmodischen Setzkästen unterbrachte, wie man sie auf Flohmärkten bekam. Damals, als einem im Hotel oder in der Bar noch bedruckte Streichholzschachteln überreicht wurden. Klein, aber richtungweisend: Als Bunkerbesitzer würde ich sammeln müssen. In einem ungleich größeren Format als bisher. Meine erste Anschaffung war ein Schnellboot der untergehenden sowjetischen Kriegsmarine. Es war mit einem Motorenschaden in einem nordnorwegischen Hafen gestrandet und die Mannschaft war nicht in der Lage, die Hafengebühren, geschweige denn eine Reparatur zu zahlen. Ich übernahm die Kosten und legte noch ein paar Flaschen Wodka dazu. Der Transport vom Hafen zum Bunker war nicht ganz billig, ging aber leichter vonstatten, als ich befürchtet hatte. Natürlich war die ganze Aktion nicht unbeachtet geblieben. Ein Nachbar, der vom Lande stammte, fragte mich, ob er einen vollständigen Satz dieser schweizerischen Einrad-Landmaschinen, den er geerbt hatte, bei mir im Bunker unterstellen könne. Neben dem aufgebockten Schnellboot nehmen sich die Einradzugmaschine, der zweirädrige Anhänger, der Pflug und der Schneepflug und einige andere Teile, deren Funktion ich nicht einmal ahne, bescheiden aus. Der Bunker füllte sich langsam.

Als sehr hilfreich erwies sich ein alter, gelber Kran. Er hätte verschrottet werden sollen, weil er zeitgenössischen Sicherheitsstandards nicht mehr entsprach. Was ich nicht zu hoffen gewagt hatte, traf ein: Er war nicht, wie ich befürchtet hatte, zu groß für meinen Bunker, sondern ließ sich genau in die Kuppel einpassen. Er schwankt manchmal ein bisschen, kann aber nicht umkippen. Nun kann ich mit seiner Hilfe alle meine Schätze problemlos umgruppieren, wenn mir danach ist. Ich werde ja auch nicht jünger.

Direkt hinter dem Tor meines Bunkers steht, dezent beleuchtet, um die empfindlichen Miniaturen nicht zu schädigen, ein gläserner Schrein mit der einzigen überlieferten Handschrift der *Fabulae durae* des Lupus de Hildesia, ums Jahr 1220 in Fritzlar entstanden. Das Musterbild einer prächtig illuminierten mittelalterlichen Handschrift. Ich habe inzwischen gar kein schlechtes Gewissen mehr, dass ich sie seinerzeit geklaut habe. Übrigens zusammen mit der betreffenden Karteikarte des Zettelkatalogs. Damals, als ich mich noch für Bücher interessierte.

Kongebjørka (Die Königsbirke)

Holzhäuser, Boote, Kontore mit handgemalten Schildern, getaucht in von Nebelschwaden durchzogener Luft. Das Fotoatelier von Klaus Anton Kirkhorn hat Molde in Bildern festgehalten, die heute im architektonisch ausgesprochen gelungenen Krona-Museum betrachtet werden können. Dessen öko-futuristische Holzarchitektur setzt einen gewagten zeitgenössischen Kontrast zu einer vor dem Gebäude erhaltenen alten Gasse, man taucht so in die Stadtgeschichte schon vor dem Eintritt in das Museum ein.

All das ist in das Romsdalenmuseum integriert, das ein weitläufiges und vielschichtiges Freiluftmuseum mit vielen unterschiedlichen Gebäuden ist, dessen Prunkstück *Krona* eine bedeutende kulturgeschichtliche Sammlung beherbergt, unter anderem einen Nachbau von Kurt Schwitters' Fischerhütte auf Hjertøya mit zahlreichen originalen Exponaten.
Um 1940 war Molde noch von Holzbauten geprägt, eine Stadt mit rund 3500 Einwohnern, die vom Handel, Fisch-

fang und längst auch schon vom Tourismus lebte, ein Ort, an dem luxuriöse Gärten angelegt waren. Viele Deutsche besuchten die Stadt, doch Ende April 1940 waren sie keinesfalls darauf aus, Postkarten von der beeindruckenden Fjordlandschaft zu erwerben. Am 9. April schockte der deutsche Angriff auf Norwegen die Nation. Das Ultimatum der von den Besatzern neu eingesetzten Regierung unter Vidkun Quisling, dem Mitbegründer der faschistischen *Nasjonal Samling*, vom 10. April wurde vom norwegischen König Haakon VII. abgelehnt. Der Monarch floh mit Teilen der alten Regierung und dem Kronprinzen über Hamar und Elverum am 23. April nach Molde, im Gepäck ein erheblicher Teil der norwegischen Goldreserven. Haakon, der dänische Prinz aus dem Hause Schleswig-Holstein-Sonderburg-Glücksburg, hatte also auch familiäre Verbindungen zu Deutschland. Im Jahre 1905 nahm er als Haakon VII. die Wahl zum König von Norwegen an, was er bis zu seinem Lebensende im Jahr 1957 blieb.

Zwischen dem 23. und dem 26. April 1940 war Molde Norwegens Hauptstadt. Die Stadt wurde damit zu einem Angriffsziel für die Besatzer. Da den Deutschen wegen anderer Operationen weder ausreichend Truppen noch Schiffe für einen direkten Angriff zur Verfügung standen, wurde Molde massiv bombardiert, am 29. April von morgens 10 Uhr bis Mitternacht. Das Stadtzentrum wurde dabei völlig zerstört. König und Kronprinz suchten Schutz in einem Waldstück bei Glomstua, wenige Kilometer außerhalb Moldes. Dort entstand ein historisches Foto, das die beiden vor einer Birke zeigt. Die Aufnahme stammt von dem Journalisten Per Bratland, und die Birke wurde zum Symbol des norwegischen Widerstands. Der Autor Nordahl Grieg verfasste dazu das in Norwegen sehr bekannte Gedicht *Kongen*:

»Bei einem silberblassen Birkenstamm
gegenüber nackter Dunkelheit des Frühlingswaldes,
steht er allein mit seinem Sohn.
Die deutsche Bombardierung ist vorüber.«

Mit einer lokalen Fähre wurden der König und seine Entourage zu einem alliierten Schiff gebracht, der *HMS Glasgow*. Die Gejagten flohen schließlich in Richtung Tromsø und von dort aus nach England, wo die norwegische Exilregierung konstituiert wurde. Im April 1940 landeten britische Streitkräfte in der Gegend von Molde, doch sie wurden von der Naziarmee zurückgedrängt. Haakon VII. avancierte im Exil zur Galionsfigur des norwegischen Widerstands gegen die Besatzung. Schon seine Vergangenheit ist mit entscheidenden Ereignissen der norwegischen Geschichte verbunden: 1905 wurde die Unabhängigkeit Norwegens von der schwedischen Krone in einer Volksabstimmung errungen, im November desselben Jahres votierten 79 Prozent der Wahlberechtigten für die Einführung der konstitutionellen Monarchie. Der frühere dänische Prinz Carl wurde durch das Parlament als König bestätigt und gab sich mit Haakon VII. anlässlich der Thronübernahme einen historischen Namen. Er wurde zum ersten König eines unabhängigen Norwegens seit über 500 Jahren gewählt. In Deutschland sind solch plebiszitäre Großentscheidungen bis heute undenkbar, das Misstrauen der Regierenden gegenüber Volkes Willen ist hier ebenso historisch verankert wie die bleibende Saga-Dramaturgie norwegischer Krimis.

König Haakon hatte mutig, aber auch weitsichtig gehandelt, indem er die Unterwerfung unter die von der Wehrmacht eingesetzte Marionettenregierung Quislings ablehnte und auf die Autonomie Norwegens auch in den sehr schweren Zeiten der Okkupation bestand, was ihm bis heute hoch angerechnet wird. Der Kinofilm *The King's Choice – Angriff auf Norwegen* (norwegischer Titel: *Kongens nei*) von Erik Poppe aus dem Jahr 2016 zeichnet die Entscheidungsfindung des Königs nach, deren Gewicht durch die Bombardierungen des Landes nach der Ablehnung der Kollaboration enorm gewesen ist.

In Willy Brandts Buch *Krieg in Norwegen*, das zuerst 1942 in Zürich herauskam, heißt es: »In der Proklamation, welche

König Haakon und seine Regierung am 7. Juni erließen, wurde festgestellt, dass der Krieg die Alliierten zu einer Konzentrierung der Kräfte an anderen Fronten gezwungen habe. Unter diesen Umständen sei es nicht möglich, in Norwegen den Kampf gegen die deutsche Übermacht fortzusetzen. Der norwegischen Armee ›fehlt das notwendige Material, besonders Munition und Kampfflugzeuge, und sie kann keines mehr erhalten. Fortsetzung des Kampfes würde nur zur vollständigen Verwüstung der jetzt noch freien Landesteile führen‹. Aus diesen Gründen – heißt es weiter in der Proklamation – hat das Oberkommando der Armee dem König und der Regierung geraten, den Kampf vollständig aufzugeben.

Der König und die Regierung hielten es für ihre Pflicht, diesem Rat nachzukommen, und verließen deshalb das Land, um weiterhin ›in Freiheit die nationalen Lebensrechte des norwegischen Volkes vertreten zu können‹.«

Der norwegische Widerstand blieb bis zum Ende der deutschen Okkupation am 8. Mai 1945 – der bedingungslosen Kapitulation der Wehrmacht – aktiv, und er stellte eine ständige Bedrohung ihrer Stellungen dar.

Der Begriff *Quisling* ist als Bezeichnung für Verräter bzw. Kollaborateur in verschiedene Sprachen eingegangen, so ins Schwedische, Englische und Italienische. Quisling wurde 1945 in der Osloer Festung *Akershus* wegen Hochverrats durch Erschießen hingerichtet.

Die Kongebjørka musste zweimal neu gepflanzt werden. Der ursprüngliche Baum wurde in den achtziger Jahren Opfer von Vandalismus, und die darauf angelegte Neuanpflanzung konnte 1992 einem schweren Orkan nicht standhalten. Von daher kann man von verschiedenen Generationen der Kongebjørka sprechen, die dieses Symbol norwegischer Unbeugsamkeit immer wieder neu verkörpert haben.

Mein Kampf.
Mit der Kellnerin. Eine Korkengeschichte

Als mein Sohn seinerzeit für einige Semester in Oslo studierte, habe ich ihn gelegentlich dort besucht und dann zum Essen eingeladen. Das spielte sich umgehend als typisches Vater-Sohn-Ritual ein, insofern er sich um ein Lokal kümmerte und dort einen Tisch reservierte, sodass ich nur mehr essen und zahlen musste.

Eines Abends führte er mich in ein ausgezeichnetes Fischlokal mit einer bemerkenswerten Weinkarte, und ich bestellte bei der jungen Kellnerin eine Flasche *Rheingauer Riesling*. Sie entkorkte die Flasche mit einem diskreten Plopp und kräuselte ein wenig die Nase, als sie am Korken schnupperte, den sie anschließend vom Korkenzieher abdrehte. Den Korken legte sie neben dem Kühler ab.

Den Wein kannte ich noch nicht. Er war offenbar alt genug, um noch traditionell verkorkt zu sein, und er erwies sich bereits beim Probieren als eine ausgezeichnete Wahl.

Weil das Essen noch auf sich warten lassen würde, setzte ich den Korken, eingedenk der Empfindlichkeit des Rieslings, wieder auf die Flasche. Zu meinem keineswegs nur gelinden Erstaunen nahm die Kellnerin, ohne mich oder meinen Sohn zu beachten oder uns gar anzusprechen, den Korken wieder ab und legte ihn erneut neben den Kühler. Eine entschiedene junge Dame, dachte ich, und beneidete einen Moment lang ihren Vater um solch eine Tochter. Dann drückte ich den Korken erneut ein wenig in den Flaschenhals. Schließlich wollte ich den Wein trinken.

Wahrscheinlich hätte ich die Flasche unter meinem Stuhl verstecken sollen. Jedenfalls nahm die Kellnerin den Korken wieder ab, als sie das nächste Mal an unserem Tisch vorbeikam. Einen Flirt zwischen ihr und meinem Sohn konnte ich nicht beobachten.

Der klärte mich dann auf. Ihr Verhalten hing mit den strengen norwegischen Alkoholgesetzen zusammen, die es verbieten, alkoholhaltige Getränke auf Kredit zu verkaufen. Auch wenn das nie kontrolliert wird: Offene Flasche bedeutet auszuschenkender Wein, verkorkte Flasche bedeutet verkaufter Wein.
Oder so ähnlich.
Basta jedenfalls.

Kurt Schwitters und Ernst Jünger am Romsdalenfjord

In einem Tal am Ende eines Fjords, von den beeindruckenden Bergketten *Møre og Romsdalens* umsäumt, zeigen sich die weich geschwungenen Hügel, an deren Fuß sich das kleine Dorf *Eidsbygda* behauptet. Das Klima ist zweischneidig. Es kann in einem Moment außerordentlich sanft wirken und sich im nächsten durch Fallwinde, die von entfernteren hohen Bergen wie dem Trolltinden oder dem Romsdalshorn stammen, scharf verändern. Vom Wasser wird eine milde, erfrischende Brise verbreitet, doch auch sie kann rasch von etwas extrem Rauhem abgelöst werden. Man muss achtsam sein in dieser Landschaft, um ihr standzuhalten, Standfestigkeit behaupten. Die geographische und klimatische Lage Eidsbygdas erfasst den Menschen. Er erfährt dort eine vitalisierende Energie, doch es kann Stunden später bemerkt werden, wie viel Kraft der Aufenthalt gekostet hat.

Auf der Anhöhe zum Berg verteidigt eine kleine Kirche mit ihrem weißen, hölzernen Körper christliche Werte gegen die heidnische Vergangenheit. Die Gegend ist lange vor Christi besiedelt gewesen. Dieser Ort hat literarische Beachtung erlangt, auch wenn heute überhaupt nichts mehr darauf hinweist, dass der Schriftsteller Ernst Jünger im Jahre 1935 sieben Wochen lang hier bei dem deutsch-norwegischen Arzt Johann Heinrich Parow logiert hatte. Seine Reiseaufzeichnungen mündeten in das Buch *Myrdun – Briefe aus Norwegen*. Der Name Myrdun bezeichnet ein Wollgras, die Moordaune, die in feuchten norwegischen Landschaften verbreitet ist. Der Autor hielt sich in der Gegend am Fuße des rund 560 m hohen Berges *Oks* auf, die heute noch als abgeschieden bezeichnet werden kann.

Die an den Bruder Friedrich Georg adressierten Eindrücke dieses Norwegenaufenthaltes wurden erst im Jahr 1943 publiziert. Der Band erschien, um die deutschen Truppen auf ihrem unheilvollen Norwegenfeldzug auf das Land einzustimmen. Seit dem Roman *Auf den Marmorklippen* (1939), dessen Inhalt regimekritisch interpretiert werden konnte, war Jünger der »Parteiamtlichen Prüfungskommission zum Schutze des NS-Schrifttums« aufgefallen. In seiner Tagebuchprosa *Gärten und Straßen* aus dem Jahre 1942 weist der Autor unter dem Datum vom 29. März 1940 auf den 73. Psalm hin, in dem es laut Luther-Bibel heißt: »Gott ist dennoch Israels Trost, für alle, die reinen Herzens sind. Ich aber wäre fast gestrauchelt mit meinen Füßen; mein Tritt wäre beinahe geglitten.« Zu Jüngers Glück waren die Prüfer wohl nicht sonderlich bibelfest, doch eine Herausgabe des Buches wurde 1943 zunächst mit der Begründung der kriegsbedingten Papierknappheit abgelehnt. *Myrdun* erschien dennoch im selben Jahr in Oslo in zwei Auflagen für die deutschen Besatzungssoldaten. Trotz des militärischen Editionskontextes ist das Buch alles andere als ein kriegerischer Aufputschtext, es ist eher das Gegenteil, ein Text der subtilen Kritik an der Unfreiheit durchgreifender Vergesellschaftung und ein Zeugnis der eigenen inneren Reinigung von den Lasten des Ersten Weltkrieges in Norwegens sublimer Natur: »Daß wir litten, wird uns oft erst sichtbar, wenn ein jäher Einbruch der Freude uns ein höheres Bewusstsein leiht. Die

Zeit hat ihre Spuren in uns niedergeschlagen wie vieljährigen Schnee, in dem Schutt und Geröll und die Bitterkeit von Kriegen und Bürgerkriegen sich anhäuften. Aber wenn Licht in die Schrunden fällt, gehen die Lawinen zu Tal.«
Jünger atmete auf in Norwegen und schätzte die zum Teil noch vormodernen Züge des Landes, in dem der Staat noch nicht jede Lebenswirklichkeit durchdrungen und reguliert hatte – ein deutlicher Kontrast zur totalen Mobilmachung in der Heimat, die Jünger einst in *Der Arbeiter* selbst beschworen hatte, und zu der er nun mehr und mehr in Distanz geriet. Er reiste gemeinsam mit dem Leipziger Philosophen Ernst Hugo Fischer, der in *Myrdun* als »Magister« auftaucht und der im Laufe ihres Aufenthalts einige amouröse Abenteuer einfädelte. Im nationalsozialistischen Deutschland war Fischer bereits ins Visier der Behörden geraten; 1938 emigrierte er nach Norwegen, später nach Großbritannien. Jünger war nicht begeistert von den Affären seines Reisepartners, doch auch er geriet in emotionale Turbulenzen, nachdem er bei einer jungen Norwegerin (»Fröken Birgit«) Sprachunterricht genommen hatte, aus dem wohl mehr wurde, zumindest einige romantische Bergtouren mit Hüttenaufenthalten und Küssen, wie Jünger in seinen Aufzeichnungen notierte: »Mit Birgit zur Moltebaere [...]; kletterten auf den Hängen unterhalb des Stula umher. Wenig Beeren. Zumeist große Hitze, dann einzelner Regenschauer, Wetter im Ganzen gut. Rast in verfallenem Saether. Dann am Hange gegessen und Kaffee gekocht. Frau Parow hatte mir überreichlich eingepackt. I will kiss your silver hair. Chasse.« Diese Erlebnisse hatten Jüngers Freiheitsgefühl in Norwegen bestärkt. In den im Marbacher Archiv bewahrten Reisetagebüchern finden sich einige Hinweise auf diese Begegnung, *Myrdun* ist in dieser Hinsicht deutlich diskreter. Jüngers Verhältnis zu der Norwegerin entwickelte sich indessen so heftig, dass er es abrupt beendete, um nicht tiefer hineinzugeraten. Ein recht kühler Abschied von Fröken Birgit entschied damit auch die möglichen Emigrations-

pläne, und im Gegensatz zu Hugo Fischer erschien ihm England – hartnäckiger Gegner in den Stellungskriegen des Ersten Weltkrieges – nicht als das passende Auswanderungsziel. Allerdings hatte er sich einen zum Verkauf stehenden Hof am Romsdalenfjord angesehen, der für ihn durchaus erschwinglich gewesen wäre. Doch in Deutschland hatte er viel zu verlieren. Seine Entscheidung ging in Richtung „Innere Emigration", deren politisch-ethische Sinnhaftigkeit der Autor noch lange Zeit nach dem Ende des Zweiten Weltkrieges legitimierte und stilisierte.
Während Ernst Jünger problemlos nach Deutschland zurückkehren konnte, war dies einem deutschen Künstler, der zeitgleich nicht weit entfernt von Eidsbygda lebte, nicht mehr ohne Weiteres möglich, da er ab 1933 von den Nationalsozialisten als »zersetzend« gekennzeichnet wurde, was dazu führte, dass Werke von ihm in der Wanderausstellung *Entartete Kunst* landeten. Kurt Schwitters setzte den Begriff MERZ in die Welt, nachdem er aus einer Anzeige, in der das Wort *Commerz* vorkam, einen Teil abgeschnitten hatte. Ihm wurde bald klar, dass sich hinter diesem profanen Akt ein großer Wurf verbarg; das *Merzen* richtete den Blick auf das Alltägliche und seine ästhetischen Möglichkeiten, es bewirkte Gestaltungen in Collagen, Assemblagen und später in ausgreifenden Merz-Bauten, um neue künstlerische Formen und Bedeutungen hervorzubringen. Schwitters war wie Jünger in bürgerlichen Verhältnissen in Hannover aufgewachsen. In den frühen zwanziger Jahren begann er in seiner Hannoveraner Wohnung in der Waldhausenstraße mit einer wuchernden Rauminstallation, die nach und nach immer mehr Räume umfasste und bis zu seiner Emigration nach Norwegen im Jahr 1937 einen labyrinthischen Charakter annahm. Immer wieder ist Schwitters seit den späten zwanziger Jahren nach Norwegen gereist. Er erkundete das Land bis in seine nördlichste Ausdehnung in Spitzbergen. Sein schwankendes Temperament und sein labiler Gesundheitszustand fanden in der menschenleeren Weite und der

Unberührtheit der nordischen Landschaften den geeigneten Rückzugsraum. Schwitters hatte sich bereits 1932 eine nahezu winzige Fischerhütte auf der bei Molde im Romsdalenfjord liegenden Insel Hjertøya (»Herzinsel«) angemietet, die zunächst als Sommerresidenz gedacht war, ab 1937 aber auch als Zufluchtsort in der Emigration diente. Nach norwegischem Recht konnte sein Mietvertrag 99 Jahre Gültigkeit beanspruchen.

Das Innenleben der Hütte, das erst nach Jahrzehnten in seiner kunstgeschichtlichen Bedeutung erkannt wurde, kann heute im eindrucksvoll gestalteten Moldener Museum *Krona* in seinen restaurierten Überresten als weiterer Merzbau Schwitters' betrachtet werden. In einem Brief beschrieb der Künstler die Hütte so: »Unser Häuschen besteht einfach gesehen aus zwei Bettkisten mit angehängter Speisekammerküche aus Margarinekästen, Sitz- und Essgelegenheit, Schränken und Fächern, und alles ist durch Gips miteinander verbunden. [...] Eine Holzwand schützt vor Ostwind, die Steinwand des Hauses vor Nordwind, und das Drahtgitter vor Hühnern, Hähnen, Ochsen und anderem Geflügel.« Wenn man Eidsbygda und Hjertøya besucht hat, taucht die Frage auf, ob die beiden Hannoveraner sich nicht irgendwann in Molde getroffen haben könnten. Immerhin bestand zeitlich und räumlich die Gelegenheit dazu. Schwitters war 1935 im August und September auf Hjertøya, und Jünger war in dem Jahr sieben Wochen bis zur vorletzten Augustwoche in Eidsbygda, wie sich *Myrdun* entnehmen lässt. Das Schicksal hätte sie zusammenführen können. Sie müssten sich wiedererkannt haben, denn um 1920 verkehrten beide im Café Kröpcke in Hannover. Jüngers Biograf Helmuth Kiesel berichtet, dass der Verleger Steegemann dort einen Kreis mit ortsansässigen Künstlern bildete, dem auch Schwitters angehörte. Dessen Gedicht *Anna Blume* wurde durch eine Plakataktion des Verlegers an allen Litfasssäulen Hannovers im Jahr 1920 stadtbekannt. Zu dieser Zeit war Jünger noch in der Reichswehr, aus der er erst 1923 austrat. Seine literarischen Ambitionen führten ihn aber auch in die Künstlerkreise der Stadt. Jahrzehnte später schilderte er, dass seine Vorgesetzten diesen Umgang des dekorierten Weltkriegsteilnehmers mit »Missvergnügen« verfolgten. Anzunehmen ist, dass Jünger in der Hannoveraner Bohème als Reichswehrsoldat nach dem Ersten Weltkrieg vermutlich nicht auf offene Ohren gestoßen war. Er wird jedoch Schwitters im Café Kröpcke wahrgenommen haben, das war kaum zu vermeiden, denn der Künstler deklamierte zuweilen seine Texte und Lautdichtungen unaufgefordert. Trotzdem war ein persönliches Kennenlernen der beiden eher unwahrscheinlich. Dies trifft auch auf eine mögliche Begegnung im Jahr 1935 in Norwegen zu. Jünger befand sich jeweils nur für kurze Zeit in Molde, zu einem Ankunftsessen und für die Bootsüberfahrt nach Eidsbygda, und Schwitters hielt sich überwiegend auf der Insel auf. Es wäre ein famoser Zug des Schicksals gewesen, die beiden aufeinanderprallen zu lassen, beim Bootsanleger oder an anderen Orten. Worüber hätten sie wohl gesprochen? Über Hannover, das Café Kröpcke? Die Lage in Deutschland? Vielleicht sogar über die norwegischen Preise, die auch damals schon erschreckend hoch waren. Was dem Autor Ernst Jünger und dem Universalkünstler Kurt Schwitters gemeinsam war, betrifft neben der hannoveraner Herkunft ihre seit der Kindheit ausgeprägte Liebe zur Natur, die bei beiden vom Schwärmerischen bis zur analytischen Beobachtung reicht. Die Wirkung von natürlichen Prozessen, Landschaften und Atmosphären auf das künstlerische Bewusstsein beschäftigte sie ihr Leben lang. Jedoch ist ihre Verschiedenheit unverkennbar, im Künstlerischen wie im Politischen. Schwitters war ein Form-Transformator, der die kulturelle Überlieferung mit Dokumenten des Alltags kreuzte und das MERZ-Prinzip als Ausgangspunkt einer ästhetischen Zukunft projektierte, in der es keinen Unterschied zwischen Kunst und Leben geben sollte. Dafür entwickelte er entgrenzende Gestaltungen, die die bildende Kunst, die Literatur und die Musik ebenso umfassten wie Produkte und Technologien des Alltags. Jünger hingegen orientierte sich stark an der Tradition und am Verschwinden überlieferter Größe. Sein »stereoskopischer Blick« wollte das Historische mit dem Aktuellen und das Magische mit dem Analytischen verschränken. In seinem Werk tauchen an vielen Stellen melancholische Passagen zum Verlust des Eigentlichen auf, das andere Epochen aus seiner Sicht besser gewürdigt hätten.

Politisch war Schwitters verfemt, als Vertreter der »Entarteten Kunst« gebrandmarkt, er konnte bereits Mitte der dreißiger Jahre nicht gefahrlos nach Deutschland zurück, während Jünger selbst in den vierziger Jahren noch eine privilegierte Stellung während der Besetzung Frankreichs innehatte. Auch wenn er mit dem Widerstand in vielfältigem Kontakt war und persönlich unter der Naziherrschaft litt, deren menschenverachtende Gewaltordnung seinem konservativen Geist zuwider war, beinhaltete seine spätere Rolle als Hauptmann der Wehrmacht auch bei innerer Emigration Aspekte der Beteiligung an einem Regime, das er eigentlich ablehnte.

Die Begegnung der beiden hätte am Bootsanleger in Molde, wo Schwitters möglicherweise gerade mit dem Beladen seines Ruderbootes mit Lebensmitteln und Künstlerbedarf

beschäftigt war, recht ungünstig ausgehen können, zumal ein gewisser Hochmut in der Begegnung mit wenig vertrauten Personen für Ernst Jünger kennzeichnend gewesen sein soll. Aber 1935 war Norwegen noch nicht von der Naziarmee überfallen worden und Jünger noch nicht im Zweiten Weltkrieg als Soldat aktiv. Der Aufenthalt in Eidsbygda bot dem Autor von *In Stahlgewittern* eine letzte Gelegenheit, sich mit der Frage der Emigration zu beschäftigen, die für seinen Reisebegleiter Hugo Fischer schließlich eine Konsequenz aus den Entwicklungen in Deutschland bedeutete. Während Jünger darüber noch in angenehm vormodernen Verhältnissen nachdenken konnte, stand die Emigration von Schwitters bereits bevor. 1937 verließ er mit seinem Sohn Ernst unter gewagten Umständen Deutschland in Richtung Norwegen, nachdem ihm zugetragen wurde, dass die Gestapo nach ihm suchte. Er sollte nie wieder nach Deutschland zurückkehren. Nach der deutschen Invasion Norwegens konnte Schwitters sich in dem Land nicht mehr sicher fühlen. Er floh im Juni 1940 auf einem Eisbrecher nach Großbritannien, der den Namen Fritjof Nansens trug, der für seinen Einsatz für Flüchtlinge nach dem 1. Weltkrieg den Friedensnobelpreis erhalten hatte. Bei seiner Ankunft erwartete den Künstler jedoch nicht die erhoffte Freiheit, sondern ein schottisches Internierungslager, da er – als Deutscher – der Spionage verdächtigt wurde. Die Stadt Molde wurde als letztes norwegisches Quartier des Königs Haakon VII. während der Besatzung von der Naziarmee fast komplett zerstört.

Mitte der dreißiger Jahre des Zwanzigsten Jahrhunderts konnten Jünger und Schwitters noch die pittoreske kleine Stadt Molde mit ihren vielen alten Holzhäusern und Kontoren betrachten, ein Blick, der nach 1940 unmöglich wurde. Jünger sah die Stadt nur auf der Durchreise, Schwitters hingegen lebte mit ihr, und sein Schaffen ist in Molde heute präsent: im Romsdalenmuseum, auf der Insel Hjertøya und im Kulturhaus, und es gibt Buchtitel wie *Kurt Schwitters in Norway* von Karin Hellandsjø oder *Der norwegische Schwitters* von Leonie Krutzinna. Heute lässt sich hingegen praktisch niemand mehr in Eidsbygda auftreiben, der weiß, dass Ernst Jünger Mitte der dreißiger Jahre hier einige Wochen verbracht hatte, wenn auch in größeren Abständen hierzu der ein oder andere Artikel in der Lokalpresse Møre og Romsdalens erschienen ist. Schwitters' Name hingegen taucht in Molde an vielen Stellen auf, er ist eine Art Local Hero, und sicherlich harren in manchen Kellern oder Dachböden noch unentdeckte Arbeiten des Künstlers ihrer Entdeckung. Die Wirkung Schwitters' auf nachfolgende Künstlergenerationen ist nach wie vor enorm, und wichtige Aspekte seines Werkes sind noch nicht von der Kunstgeschichte erschlossen, die sich in seinem Fall mit einem Künstler auseinandersetzen muss, der sich sowohl jeder Einordnung wie auch jeder Übersicht über sein Werk entzieht.

Eine kongeniale Anwendung des MERZ-Impulses ereignete sich im Genre der Graphic Novel: *Herr Merz*, von dem norwegischen Zeichner Lars Fiske, wurde in Norwegen und Deutschland im Jahr 2013 veröffentlicht. In diesem grandios gezeichneten Comicband geht es nicht um eine Auslegung von Schwitters Werken oder um deren Einordnung in der Kunstgeschichte, vielmehr dreht sich alles um die Umsetzung von MERZ-Prinzipien in ein zeitgenössisches Medium. Fiske war mit seinem Freund und Kollegen Steffen Kverneland an die norwegischen Wirkungsstätten Kurts gereist, und die beiden untersuchten das, was sie dort noch vorfanden, sehr genau. Sie erwiesen sich als empfängliche Subjekte, die Schwitters' Kunst mit einer Resonanz begegneten, die auch in Norwegen lange Zeit ausgeblieben war. Vielleicht kann man sich dieser Kunst nur so annähern, indem man sie in Situationen außerhalb der gewöhnlichen Kunstbetrachtung erfährt. Leben und Kunst sind bei Schwitters, selbst in den bedrängtesten Situationen, immer miteinander verschränkt gewesen. MERZ wurde aus Lebenssituationen heraus entwickelt.

Die Unterschiede von Schwitters und Jünger lassen sich auch an der Wahl ihrer bevorzugten Aufenthaltsorte in Norwegen verdeutlichen. Hjertøya ist nach allen Seiten hin offen mit Blick auf die heute wachsende Stadt Molde, die vor allem durch das jährlich stattfindende internationale Jazzfestival, den Fußballklub MFK Molde sowie als Rosenstadt bekannt ist. Eidsbygda hingegen ist nach wie vor verborgen und geheimnisvoll, ein von Fjorden und Bergen gerahmter Ort, der trotz seiner lebhaften Atmosphäre recht hermetisch wirkt. Schwitters nahm Einflüsse aus allen Richtungen auf, sammelte Strandgut und Naturmaterialien für seine Arbeiten. Jünger hingegen setzte auf Konzentration und Reduktion. Vermutlich suchte er nicht einmal die in rund 10 km Entfernung gelegene mittelalterliche Stabkirche in Rødven auf, eine der 23 historischen Holzkirchen Norwegens, die auch nach bewegter Geschichte noch von einer Zeit des Glaubens zeugt. Der Frieden, den die Kirche in den Fjord brachte, ist von langer Dauer und verblüfft auch den heutigen Besucher. Man findet im Inneren und Äußeren des Gebäudes Einritzungen in Holzplatten, die menschliche Formen sowie eine Drachenfigur zeigen.

Aus unterschiedlichen Gründen ist die Wahl der Gegenden bei Jünger und Schwitters keineswegs zufällig. Bei Kurt Schwitters dürfte die Inspiration seiner stets Schichtungen und Labyrinthe gestaltenden Kunst durch diese Landschaft eine Rolle gespielt haben, und man kann sich von dieser These heute noch anhand der MERZ-Säule überzeugen, die die Insel mit der elegant geschwungenen Form einer organisch gestalteten Abstraktion erfüllt. Das von der Kunst aus gedachte Leben war das eigentliche Projekt Schwitters. Dem entsprechend betrachtete er auch tragische Ereignisse mit Humor. In einem Brief an Christof Spengemann schrieb er im Juni 1947 angesichts seiner angegriffenen Gesundheit: »Das Herzasthma hat sich in ein Merzasthma verwandelt […].« Hjertøya ist still und weit, ein ausgesprochen meditativer Ort, an dem man sich in die Betrachtung der über 200 Berggipfel, die ihn umgeben, verlieren und in Zeitlosigkeit eintauchen kann. Oder man kommt nicht vom Fleck, weil sich die Farben des Wassers und der Berge jede Sekunde verändern. Die silbrige Oberfläche des Wassers eröffnet tiefe Blicke in eine Welt, die auch in ihren vergänglichen Momenten präsent bleibt.

Ernst Jünger begab sich mit seiner Norwegenreise in einen mythischen Raum, in dem noch die Kräfte von Naturgeistern wahrnehmbar waren und dem Bewusstsein einen Abstand von der Enge der technischen Zivilisation und ihren Verwaltungen ermöglichte. Das vormoderne, bäuerliche Dasein mit Fjord und Fjell genoss er als heilsames Refugium. Angesichts der Begegnung mit zwei jungen Frauen, die ihn und seine Begleiterin mit einem Glas Milch bewirteten, schrieb er in *Myrdun*: »Die beiden Schwestern waren in ihren langen blauen Hosen und den kurzärmeligen Blusen zierlich gekleidet und vor Gesundheit leuchtend, ja fast durchsichtig, so daß mich in ihrer Hütte Heiterkeit, wie in einem Zauberschrein, ergriff. Dazu kommt, daß überall, wo ich den Menschen in seinen Urverhältnissen wirtschaften sehe, ich an ihm die Gattungskennzeichen wahrnehme, und

das macht immer einen starken Eindruck, denn das Menschliche ist heute sehr versteckt und aufgeteilt.«
Der mitunter kräftig strömende und nach wie vor fischreiche Romsdalenfjord hat mit Tiefen von über 500 m Meeresqualität. Er wird heute von zahlreichen Angeltouristen heimgesucht, darunter vielen Deutschen, die in ihren Wohnmobilen mit Tiefkühltruhen ausgestattet sind, in denen Köhler, Lachse, Dorsche, Makrelen und andere Meeresbewohner tiefgefroren ins südlichere Europa abtransportiert werden. Angesichts der deutschen Besatzung Norwegens sind die zahlreichen im Internet zu findenden Meldungen über Angelrekorde in Norge nicht gerade historisch sensibel. Vielleicht wird diese Form des räuberischen Tourismus in absehbarer Zeit untersagt, was derzeit in ganz Norwegen diskutiert wird. Über dieses Verbot hätten sich Jünger und Schwitters vermutlich beide gefreut, denn der Romsdalenfjord war ihnen eine Gabe. Ihr Aufenthalt dort markierte für beide Männer Wendepunkte: Schwitters bezog mit seiner Gestaltung der Hütte natürliche Prozesse deutlich stärker in seine Arbeiten ein als in seinem früheren Werk. Er leistete auf Hjertøya Vorarbeiten zu einem organischen Merzbau, den er Jahre später mit der *Merz Barn* in Little Langdale, Ambleside (England) realisierte. Ernst Jünger nahm in Eidsbygda weiteren Abstand zu seiner Publizistik der Zwanziger Jahre – eine Distanznahme zum Kriegsschriftsteller, die mit *Das Abenteuerliche Herz* begann und mit *Myrdun* fortgesetzt wurde. Wenn eine Zusammenkunft der beiden im Sommer 1935 am Romsdalenfjord auch höchstwahrscheinlich nicht zustande kam, so hatten sie sich doch in dieser unvergleichlichen Landschaft einmal zur selben Zeit eingefunden. Jüngers Beobachtungsgabe und Schwitters' Erfindungsreichtum haben der Welt bedeutende Arbeiten hinterlassen, und sie haben der Gegend um den Romsdalenfjord etwas hinzugefügt, worüber das dort üppige Gras nur langsam wächst.

Norwegische Klänge

Edvard Griegs *Peer-Gynt-Suite* ist in Deutschland sehr bekannt. Der erste Satz der Suite No. 1, *Morgenstimmung*, ist in zahlreichen Filmen, Fernsehbeiträgen und in der Werbung vielfach eingesetzt worden, er zählt zu den populärsten Stücken der Romantik. Der 4. Satz – *In der Halle des Bergkönigs* – diente dem Regisseur Fritz Lang in dem Film *M* aus dem Jahr 1931 als sich bedrohlich beschleunigende Filmmusik. Hendrik Ibsen hatte seinerzeit Edvard Grieg beauftragt, für sein dramatisches Gedicht *Peer Gynt* eine passende Musik für Bühnenaufführungen zu komponieren. Grieg soll den Auftrag widerwillig angenommen und wenig begeistert ausgeführt haben. Die Uraufführung fand 1876 in Oslo statt, doch von da an trennten sich die Wege der beiden Künstler; Grieg führte die Orchestersuiten in Konzertsälen auf, Ibsen das Drama auf Sprechbühnen. Man kann beim Hören der *Morgenstimmung* nahezu unvermeidlich auf den Gedanken kommen, dass die Musikalität Norwegens in seiner Landschaft angelegt ist und deren Formationen in die Städte und Orte hineinwirken. Auf in Deutschland weniger bekannte Musikschaffende wie die Komponisten Fartein Valen und Harald Sæverud, sowie die Komponistin Agathe Backer Grøndahl soll an dieser Stelle hingewiesen werden. Das Singen und gemeinsame Musizieren spielen eine bedeutende Rolle im kulturellen Leben Norwegens. Es sind einzigartige Klänge und Stimmen, die sich auf den Weg gemacht haben; einige von ihnen haben Weltruhm erlangt. Die Popularität von Griegs *Morgenstimmung* verleitet dazu, im Folgenden keine Hierarchisierung von »klassischer« und »populärer« Musik vorzunehmen.
Morten Harkets Falsett wurde mit der Band *A-ha* Mitte der achtziger Jahre des 20. Jahrhunderts weltbekannt. Sicherlich hatte hierzu auch das brillante Video mit beigetragen, das noch im Jahr 2020 die gigantische Zahl von 1 Milliarde

Aufrufe auf YouTube erzielen konnte. Die für das Video benötigten über 10 000 Zeichnungen wurden von Michael Patterson und Candace Reckinger kreiert. Zwei Entwicklungen sind damit verbunden, einerseits der wachsende Einfluss der Musikvideos, andererseits die Ästhetik des *Anime*, der vor allem in Japan entwickelten Zeichentrickfilmkultur, die in den Achtzigern auch in Europa ein breiteres Publikum fand und stark im Pop-Kontext aufgegriffen wurde. Harkets Stimme ist eindringlich und kann sich gewagten Höhen nähern, seine Band *A-ha* wurde ein Türöffner für den norwegischen Pop im internationalen Musikgeschäft. Möglicherweise ist es ein Vorurteil, aber ähnlich den Briten, scheinen Norweger besonders gern in Gemeinschaft zu singen. Auf jeden Fall spricht einiges dafür, dass die musikalische Erziehung in Norge ernst genommen wird, sonst würde es wohl nicht so eine große Anzahl an musikalischen Talenten in nahezu allen musikalischen Genres geben.

Die in Ålesund aufgewachsene Sigrid Solbakk Raabe erreichte auch in Großbritannien Chart-Platzierungen, ihr lebensfroher, atemberaubend dynamisch gesungener High-Energy-Pop begeisterte auf Tourneen in Europa und den USA. Sie setzt dabei auf ein bodenständiges Pop-Image. Ihre Konzerte und Videos weichen deutlich von dem ab, was z.B. amerikanische, britische oder auch deutsche Pop-Sängerinnen präsentieren. Nichts an ihr ist überstylt oder betont artifiziell: Ihr Outfit ist nicht mit Prada oder Gucci bestückt, sondern kommt eher alltäglich und robust daher; so hat die norwegische Outdoorfirma *Norrøna* ihr Retro-Jackenmodell *Sigrid* nach der wenig eitlen Sängerin benannt.

Mit der aus Tromsø stammenden Lene Marlin ist eine weitere Sängerin/ Songwriterin zu nennen, die international Aufsehen erregte. Ihr Debütalbum *Playing My Game* nahm sie während ihres Abiturs auf (1999). Die darin enthaltenen Tracks *Unforgivable Sinner* und *Sitting Down Here* wurden zu Hits. Der sorgfältig produzierte Zusammenklang aus Pop mit folkigen Elementen fand ein großes Publikum. 2007 schrieb sie an dem Titelsong zu Rihannas Album *Good Girl Gone Bad* mit.

Was die elektronische Musik betrifft, so konnten die ebenfalls aus Tromsø stammenden *Røyksopp* der Club Culture einige smarte Downbeat-Tracks hinzufügen. Ihre Synthese aus schrillem 80er-Synthesizer-Sound mit knarrenden Backbeats kennzeichnet die Band, die unter anderem eine vielbeachtete Kollaboration mit der Sängerin Susanne Sundfør realisierte. In diesem Zusammenhang sei auch auf die originelle Musik von Mari Kvien Brunvoll hingewiesen, für die Grenzen musikalischer Genres keine Rolle spielen.

Highasakite aus Trondheim wurden 2012 um die beeindruckende Sängerin Helene Håvik gegründet. Das 2014 veröffentlichte Album *Silent Treatment* weist einige musikalische Perlen auf, z.B. die Tracks *Lover, Where Do You Live?* sowie *Since Last Wednesday*. Die Band verbindet einen emotionalen Indie-Pop mit zeitgenössischen elektronischen Elementen auf einer betont perkussiven Basis.

Indie-Rock ist z.B. mit *Madrugada* aus Stokmarknes aufzubieten, für diese Gruppe scheinen die arktischen Vesterålen eine Gegend der Inspiration gewesen zu sein. *Kakkmaddafakka* aus Bergen verbinden rockige Elemente mit Folk,

Pop und Disco, ihre kaum einzuordnende Stilistik hat ihnen eine beständige Fan-Gemeinde beschert. Die ebenfalls aus Bergen stammenden *Kings of Convenience* hatten zu Beginn der 2000er Jahre mit ihrem Albumtitel *Quiet is the new Loud* einen neuen – chilligen – Sound geprägt, der lange Zeit die Hintergrundmusik hipper Cafés und Modeläden nicht nur Skandinaviens prägte. Eirik Glambek Bøe und Erlend Øye haben neben einigen Solo-Veröffentlichungen an dem Projekt festgehalten, bei dem auch die kanadische Sängerin Feist bei verschiedenen Tracks mit von der Partie war.

Der deutliche Einfluss der Folk Music verlängert bei den *Kings of Convenience* eine Traditionslinie, die tief in der norwegischen Kultur verankert ist und mit dem 2023 verstorbenen *Ole Paus* einen Sänger/ Songwriter aufweist, dessen über Jahrzehnte entwickeltes Werk in den späten Sechzigern begann. Tief der Osloer Kulturszene verbunden – er war ein enger Freund der Schriftsteller Jens Bjørneboe und Ketil Bjørnstad – hatte er mit seinem Song »Mitt lille land«, das nach dem Breivik-Attentat vom 22. Juli 2011 als »neue Nationalhymne« bezeichnet wurde, zur kollektiven Verarbeitung des furchtbaren Terroranschlags beigetragen. Aus seiner Zusammenarbeit mit dem Osloer Kammerchor für die *Kirkelig Kulturverksted* entstand 1998 das Album *Det begynner å bli et liv – det begynner å ligne en bønn* (dt. Es fängt an, ein Leben zu werden – es fängt an, einem Gebet zu gleichen), das Texte des dänischen Kirchenlieddichters Hans A. Brorson enthält. Ole Paus realisierte einige Kollaborationen, z.B. das atmosphärische *Frolandia*-Projekt mit Ketil Bjørnstad (2015) oder – gemeinsam mit Mari Boine und Kari Bremnes – das 2007 eingespielte überaus gehaltvolle Album *Salmer Pa Veien Hjem* (*Psalme auf dem Weg nach Hause*), das damit drei der bekanntesten norwegischen Sängerinnen/ Sänger vereinte.

Die von den Lofoten stammende Kari Bremnes ist auch in Deutschland, Österreich und Frankreich einem größeren Publikum bekannt geworden. Seit Mitte der 1980er

Jahre veröffentlichte sie ihre Alben, die sich zwischen Folk, Chanson, Jazz, sanftem Rock sowie Weltmusik bewegen. Das 1999 entstandene Konzeptalbum *Svarta Bjørn* handelt von der verbürgten Frauengestalt der Anna Rebecka Hofstad, die Ende des 19. Jahrhunderts als Köchin beim Bau der schwedisch-norwegischen Erzbahn arbeitete und damit eine der wenigen Frauen in einer hermetischen Männerwelt darstellte.

Mari Boine kommt aus Gámehisnjárga bei Karasjok in der Finnmark, wo auch das Parlament der Sápmi angesiedelt ist. Sie ist eine mittlerweile legendäre Künstlerin, die sich weltweit für die Sache der Kultur indigener Völker einsetzt. Ihre Musik verbindet Elemente des traditionellen Joik-Gesangs mit Jazz, Folk und Rock zu einer weltmusikalischen Form, die weit über Norwegen hinaus viele Zuhörer gefunden hat. Mari Boine interpretiert keine traditionellen Joiks, sondern sie führt eigene Songs in samischer Sprache auf. In Deutschland bekannt wurde z.B. ihr 2006er Album *Iddjagiedas* (dt. *In der Hand der Nacht*). Als Förderin der samischen Kultur hat sie viele junge Musikerinnen und Musiker auf ihrem Weg begleitet.

Elle Maria Eira, die neben ihren künstlerischen Aktivitäten auch als Rentierhirtin unterwegs ist, joikte seit ihrer Kindheit, die Interpretation klassischer Joiks stellt eine ihrer Herzensangelegenheiten dar. Ihre eindrückliche Stimme ist unter anderem in dem Spielfilm *The 12th Man* zu hören. Sie produziert auch Videos, die sie mit ihrer Musik vertont. Die nächste Generation samischer Künstlerinnen steht schon bereit: Zum Beispiel mit Àgy, die zwischen Electropop und Rock oszilliert, und Sound-Allianzen mit Rap und Joik eingeht.

Norwegen hat – wie auch die anderen skandinavischen Länder – ein ausgeprägtes Verhältnis zum Jazz. Dies lässt sich nicht nur auf die Vergangenheit beziehen, sondern insbesondere auch auf die Gegenwart dieser so vielfältigen musikalischen Gattung. In Deutschland ist Jan Garbarek seit

Jahrzehnten ein Begriff, insbesondere sein Album *Officium* mit dem Hilliard-Ensemble (1994) dürfte hierzulande in keiner ambitionierten Plattensammlung fehlen. Seine Kollaborationen sind zahlreich und unübersichtlich, sie reichen von Projekten mit Keith Jarrett, Chick Corea und John McLaughlin bis zu Ustad Fateh Ali Khan und Mari Boine. Er startete seine Karriere bereits Ende der sechziger Jahre, Garbarek ist ein entscheidender Wegbereiter für Jazz aus Norwegen.

Die Sängerin Silje Nergaard fiel als 16jährige während des Jazz-Festivals in Molde auf, bei dem sie während einer Jazz-Session auf die Bühne stieg und bei einer Jam-Session mitmachte. Sie stammt aus Hamar und kam früh durch ihre Eltern mit Jazzmusik in Berührung. 1990 erschien ihr erstes Album *Tell me where you're going*. Seitdem folgten 16 weitere Alben, die eine stilistische Bandbreite zwischen Jazz, Chanson und Pop aufweisen. Nergaard erhielt zahlreiche Preise und Nominierungen.

Der für Garbarek typische Ansatz, Grenzen musikalischer Genres zu überschreiten, ist für die norwegische Jazzszene bis heute kennzeichnend geblieben. Man kann das gut anhand des von Oslo aus operierenden Plattenlabels *Rune Grammofon* nachvollziehen, deren Jazz Acts ohne Scheu vor z.B. Electronica- oder Metal-Klängen unterwegs sind, aber auch traditionelle Ansätze in zeitgenössische Formen fassen. Hier die Selbstbeschreibung dieses ideenreichen Labels auf seiner Website: »Rune Grammofon is a record label dedicated to releasing work by the most adventurous and creative Norwegian artists and composers. Being music enthusiasts almost to the point of absurdity, we don't want to limit ourselves to certain genres, as long as there's real heart and personality.«

Tatsächlich brachte *Rune Grammofon* einige der innovativsten Musiker der letzten Jahrzehnte hervor, so z.B. Arve Henriksen, der sein erstes Solo-Album *Sakuteiki* 2001 auf dem Label veröffentlichte – der Titel stammt von einem japanischen Werk über die Gartenkunst. 2004 veröffentlichte er in Zusammenarbeit mit Audun Kleive und Jan Bang *Chiaroscuro,* ein mutiges Experiment, das bis dato ungehörte Sounds generierte und eigentlich nicht in ein Genre eingeordnet werden kann. Henriksens eigenständige, in vielen Passagen »singende« Trompete mäandert zu Pattern elektronischer Klänge und bewegt sich harmonisch auf ungewöhnlichen Wegen.

Auch der Pianist Espen Eriksen hat mit seinem 2007 gegründeten Trio mehrere Alben auf *Rune Grammofon* veröffentlicht. Der melodische und minimalistische Stil des Trios gibt jedem Instrument seinen individuellen Entfaltungsraum, der z.B. auf *Never ending January* perfekt eingespielt wurde. Mal expressiv, dann wieder spielerisch melodisch klingt das *Kjetil Mulelid Trio* auf *Not early enough to buy a House.* Dieses 2017 auf *Rune Grammofon* herausgekommene Album besticht im Bereich des Acoustic Jazz mit Kompositionen, die unerwartet in eine Improvisation oder in eine impressionistische Tonfolge münden können. Und dieses Album wurde 2021 mit *who do you love the most?* noch überboten, ein subtiles Meisterwerk des jungen Komponisten und Pianisten.

Der Osloer Tord Gustavsen brachte 2003 sein Debütalbum *Changing Places* beim jazztypischen *ECM*-Label als Trio heraus, seit 2008 ist der Künstler als Tord Gustavsen Ensemble in unterschiedlichen Besetzungen als Duo, Trio oder Quartet unterwegs. Das Album *The Ground* landete als erstes Instrumental-Jazzalbum auf Platz 1 der norwegischen Charts und war auch in den USA erfolgreich. Gustavsen arbeitete mit den Sängerinnen Silje Nergaard und Solveig Sletahjell zusammen und entwickelte einen lyrischen Stil, der spannungsvoll mit minimalen Abweichungen arbeitet, die jedoch nie die edle Präzision einer geschliffenen Form verlassen.

Der in Porsgrunn aufgewachsene Bugge Wesseltoft gilt als Vorreiter einer Generation von Musikern, die experimentellen Jazz mit elektronischer Musik verschmelzen. Unter der

Firmierung *New Conception of Jazz* unternimmt Wesseltoft eine Synthese aus Live-Elektronik und improvisiertem Jazz. Darüber hinaus widmet er sich immer wieder dem rein akustischen Klavierspiel sowie klassischen Formaten. Mit seinem 1996 gegründeten Label *Jazzland* schuf er eine wichtige Plattform für die norwegische Jazz-Szene. Für einige Acts ist er auch als Produzent tätig. Er arbeitete u.a. mit Jan Garbarek, Sidsel Endresen und Eivind Aarset zusammen. *It's Snowing On My Piano* – erschienen 1997 und Wesseltofts Debüt auf dem Label *ACT* – war sein erstes Solo-Album. Die zwölf mit der Weihnachtszeit verbundenen Songs wurden von Wesseltoft ohne jeglichen Synthi-Noise auf einem Konzertflügel eingespielt.

Jenny Hval (Oslo) brachte ihre Alben *Viscera* (2011) und *Innocence Is Kinky* (2013) bei *Rune Grammofon* heraus, danach noch einiges mehr bei anderen Labels. Während ihres Studiums in Australien hatte sie u.a. das Fach Performance belegt, was in ihren Live-Auftritten deutlich zum Ausdruck kommt. Neben ihren musikalischen Interessen und Musikvideoproduktionen publizierte sie auch Romane sowie Zeitschriftenbeiträge. Ihre innovative Mixtur aus Electronica, Folk, Pop und Rock sowie ihre Grenzgänge in Bereiche der E-Musik weisen sie als eine der wichtigsten Gegenwartskünstlerinnen Norwegens aus, die Türen zu neuen musikalischen Formen geöffnet hat.

Diese kleine Übersicht und Auswahl soll deutlich machen, dass es in der norwegischen Musikszene von großartigen Musikerinnen und Musikern nur so wimmelt. Man muss der Musikerziehung des Landes danken, dass sie offensichtlich vieles richtig gemacht hat, und dass auch in nahezu jedem Kunstmuseum ein Kinderatelier vorhanden ist, was den Blick für den Zusammenhang der Künste offensichtlich von Kindes Beinen an prägt.

Das Müllhaus

Das eigenartige Gebäude auf dem Foto stand eine Zeit lang auf Spitzbergen. Bemerkenswert ist seine Form, ist das Material, aus dem es errichtet wurde, ist die Funktion als Bauwerk. Denn es wurde nicht zu einem bestimmten Zweck errichtet, den man vielleicht bei allen anderen Gebäuden der Welt, von der wenig dauerhaften Laubhütte, die Kinder am Waldrand errichten mögen, bis zu höchst funktionalen, durchrationalisierten Architektenleistungen mit dem sehr poetischen englischen Ausdruck »Shelter« bezeichnen könnte, da die deutsche Sprache einen ähnlich anheimelnden Ausdruck in diesem Bereich nicht kennt. Form und Funktion des Gebäudes im Bild sind hingegen ausschließlich von dem Material bestimmt, aus dem es errichtet wurde: Müll oder *Søppel,* wie das im Norwegischen heißt. Schwimmer, Netze, Taue, Treibholz, Bretter, die von einem norwegischen Schiff an der Nordküste Spitzbergens aufgesammelt worden waren.
Das kleine, einem internationalen Kunstprojekt zu verdankende, Gebäude dokumentierte die umfassende Verschmutzung der Weltmeere. Durch Plastikmüll, zu dem nicht so sehr verloren gegangene Badeenten als vielmehr Reste der industriellen Ausbeutung der Meere beitragen. Die Müllhütte stand also gut auf Spitzbergen, nicht nur, weil die dortigen Kinder sie sehr gut als Spielplatz angenommen hatten, sondern auch, weil dort dieser Ausplünderungsprozess zwar nicht begann, aber doch einen frühen Höhepunkt erfuhr.
Der niederländische Seefahrer Willem Barents (eigentlich Barentsz, von Barentszoon verkürzt) war im ausgehenden 16. Jahrhundert auf der Suche nach einer Nordostpassage von Europa an Sibirien vorbei nach Nordost-Asien hierher gekommen, man wollte Beschränkungen des Handels mit diesen Weltgegenden durch Spanien und Portugal umgehen. Nicht einmal hundert Jahre später waren die Wale im

küstennahen Bereich der Inselgruppe dauerhaft ausgerottet, das protoindustrielle Schlachten der Tiere musste aufs offene Meer verlegt werden. Der gewonnene Walrat diente unter anderem der Produktion weißer Kerzen in den Häusern der vornehmen Europäer.

Mit Fischfang hängen keineswegs nur die sicher aus Plastikmaterialien gefertigten Netze des kleinen Bauwerks zusammen, sondern auch die lustigen Kugeln, die rechts der Tür und oben als Dach verbaut wurden. Es handelt sich um Plastikbälle, die den Netzen Auftrieb gaben und bei unachtsamem Umgang mit den Fangeinrichtungen verloren gingen. Noch vor zwei Menschenaltern waren diese Kugeln aus netzumsponnenem Glas (und sind so gelegentlich noch auf Flohmärkten oder in Trödelbuden zu finden). Wenn sie zerbrachen, richteten sie wenig Schaden an; weil sie vergleichsweise leicht zerbrachen, wurden sie vorsichtig behandelt. Wie auch die Gewichte, die dafür sorgen sollten, dass die Netze senkrecht im Wasser standen, runde Tonscheiben von der Größe eines Dessertellers, die mit einem Loch in der Mitte versehen waren.

Da eine Baugenehmigung für diesen Akt der Meeresmüllverwertung nicht vorlag und das Bauwerk eine Gefahr für die Kinder darstellte, die unbeaufsichtigt darin und darauf herumkletterten, mussten die Erbauer rasch die Flagge streichen. Das Bauwerk, das eine ikonische Landmarke auf Spitzbergen zu werden drohte, wurde nach nur einem Jahr 2015 abgetragen. Die Baumaterialien wurden teils dem Maritimen Museum in Oslo übergeben. Geblieben sind die auf einem Kinderspielplatz weiterverwerteten massiven Holzteile.

Robinson und Freitag

Die Straße in der Bildmitte, andeutungsweise eine Diagonale, ist auffallend schmal. Sie ist aus Betonelementen zusammengesetzt. Im Vordergrund rechts steht eine Verkehrstafel, die auf die Interessen spielender Kinder hinweist; doch ist auf dem ganzen Bild nur ein einziges Auto, ein roter Pickup, zu sehen – und gar kein Kind. Überhaupt kein Mensch, was das betrifft. Die Bebauung wirkt eher großstädtisch, mit einem neu bemalten Betonkasten auf der linken Seite. Die Farbe ist ein eindrucksvolles Rot mit einem kräftigen Grau abgesetzt, man ahnt den Bauhaus-Einfluss. Etwas tiefer im Bild und rechts ein weiteres, großes Betongebäude, der Anstrich in einem verwaschen wirkenden Beige – ebenfalls mit Flachdach.
Leicht versetzt zum linken Rand hin gibt ein Haus mit Ziegeldach einen eher klassizistischen Eindruck, wie ein Verwaltungsgebäude oder auch eine Schule aus der Zwischenkriegszeit. Dahinter an der Straße einige weitere Gebäude, ebenso hinter dem beigegrauen Haus, schließlich ein Hügelzug. Eine Vorstadtsiedlung, die Bewohner sind an der Arbeit, die Kinder in der Schule, könnte man denken. Und überlegen, wo auf dieser Welt diese urbane Siedlung liegen könnte.
Es handelt sich um die ehemals, nämlich seit ungefähr 1930, sowjetische, nun russische Bergbausiedlung Barentsburg, mit derzeit knapp 450 Einwohnern die vermutlich kleinste Großstadt der Welt. Zu Beginn des Zweiten Weltkriegs waren es fast 2000 Menschen gewesen, die hier lebten, beim Kollaps der Sowjetunion immerhin noch 1000, vor einigen Jahren wurden nur mehr 370 Personen gezählt. Ungefähr 90 % von ihnen sind übrigens Ukrainer, nicht Russen. Mit einem eigenen Kraftwerk mit angeschlossener Kohlengrube, einem Krankenhaus, in dem allerdings Entbindungen nicht länger durchgeführt werden dürfen, einer Schule, einem

Museum, einem Kulturhaus, einem Gewächshaus, das den Eigenbedarf an Gemüse weitgehend decken soll, einem Friedhof mit einer kleinen Kapelle und einem eindrucksvollen russischen Konsulat, das deutlich kleiner ist als die amerikanische Botschaft in Oslo, aber kaum weniger gut gesichert. Mit einem Hafen und zwei Hubschrauberlandeplätzen ist die lokale Infrastruktur ausgezeichnet: Fast alles liegt an der schmalen Betonstraße, die keine zwei Kilometer lang ist und parallel zu einer auf dem Foto nicht zu erkennenden Felswand verläuft.

Wer mit dem Schiff kommt, muss eine lange Holztreppe mit bequemen, breiten und tiefen Stufen hochgehen, vorbei an der grün verschlossenen Hafenmeisterei und einer Zeile ruinierter Holzhäuser, die dem Verfall preisgegeben sind, und trotzdem von der Treppe aus zahlreiche feingeschnittene Zierelemente erkennen lassen, die an die Laubsägearbeiten meiner Kindheit erinnern. Vielleicht stammen sie noch aus der holländischen Zeit – Willem Barents war ein niederländischer Seefahrer, der wahrscheinlich nie auf Spitzbergen war, und die Niederländer bauten hier im frühen 20. Jahrhundert die ersten Kohlengruben. Oder sie wurden in der frühen stalinistischen Phase gebaut, die Betongebäude wären dann architektonisch post-stalinistisch zu nennen.

Wer sich oben am Ende der Treppe umsieht und gute Augen oder wenigstens ein ebensolches Fernglas hat, erkennt auf der anderen Seite des Fjordes ein einsames Gebäude. Es handelt sich um eine Pumpstation, die Barentsburg in einer durch den Fjord geführten Rohrleitung mit Frischwasser versorgt. Die einsamen Maschinisten werden von den Barentsburgern, vielleicht mit dem Humor von Menschen, die selbst fern ihrer Heimat leben, »Robinson und Freitag« genannt.

Die Anglerin im Kleid oder
»Seelandschaft mit Pocahontas«

Das Bild wird stark bestimmt von einem farbenfrohen Himmel über einer niedrigen Hügelkette, zumal sich die Farben in der großen Wasserfläche in der Bildmitte spiegeln. Links im Bild nehmen Himmel, Berge und Wasser fast zwei Drittel der Bildfläche ein, rechts ist es, gestört freilich durch ein massives Bauwerk am rechten Bildrand, immer noch knapp die Hälfte. Optisch vergrößert wird dieser linke, untere Teil durch zwei in den Meeresboden eingerammte Pfähle. Im tiefen Wasser wäre es nicht möglich, Pfähle einzurammen. Die signalisieren also Flachwasser, größere Fahrzeuge könnten hier nicht passieren, ohne Schaden zu nehmen. Zwischen diesen Pfosten und der Küstenlinie liegt ein Stück Festland, das indessen überflutet ist.

Anscheinend durch eine Gerade, den Fuß der Bergkette, und durch eine Diagonale, den Links-Rechtsverlauf der Küstenlinie geprägt, ist das Bild doch faktisch sehr viel symmetrischer angelegt. Die gedachte, durch Pfosten angedeutete

Festlandslinie des Vordergrundes verläuft mit fast mathematischer Präzision parallel zur dunklen Festlandslinie im Hintergrund und teilt das Bild in zwei fast annähernd gleiche Teile. Man möchte die Phrase von der mathematischen Präzision gern noch einmal bemühen, wenn man auf die Position der Figur genau im Zentrum des Bildes hinweist. In einem grauen Gewand hebt sie sich kaum vom etwas helleren Grau des Meeres ab. Sie trägt eine lange Stange, die sie mit beiden Händen festhält und die unschwer als eine Angel, Fiskestang im Norwegischen, identifizierbar ist. Dass sie angelt, ist längst nicht so bemerkenswert wie der Umstand, dass sie zum Angeln ein Kleid trägt.
Norweger legen nicht besonders viel Wert auf Kleidung. Die kontinentale Vorstellung, dass man korrekt und zu einem bestimmten Anlass richtig gekleidet sein könne, löst eher Ironie aus. Ganz bezeichnend für diese Ambivalenz ist vielleicht der Umstand, dass neu ernannte Ministerinnen, wenn sie erstmals bei Hofe erscheinen, ihre zu diesem Anlass doch konventionellen Kleider gern kommentieren: als unkonventionell. Da wurde ein Hochzeitskleid aus dem Schrank genommen (und es passte noch, lautet die grünversiegelte Botschaft an die Massenmedien). Oder das Kleid wurde selbst genäht, für einen Ball z.B., vor einigen Jahren. Eine Gelegenheit indessen gibt es jedoch, wo Norwegerinnen korrekt und dem Anlass entsprechend gekleidet sind. Regenkleidung, draußen in der weiten Natur getragenes »Tourzeug«, getragen beim Wandern oder anderen Freizeitbeschäftigungen, ist ein Muss, diktiert von den Regeln des Bergwitzes, jener Klugheit also, die es gebietet, in einer barschen Landschaft die richtige, wetterfeste Kleidung zu tragen. Bis vor etwa einem Vierteljahrhundert war diese Tourkleidung in aller Regel für Männer gemacht und passte Frauen entsprechend schlecht. Zu groß und zu weit geschnitten, versanken die oft darin.
Das hat sich grundlegend geändert. Die zahlreichen Sportläden des Landes haben längst eigene Damenabteilungen,

in denen – unter anderem! – Passendes, sorgfältig designtes und verarbeitetes Regenzeug in den Farben der Saison verhökert wird.

Diese Frau trägt also einen Rock oder ein Kleid. Ein Kleid, das sie beim allfälligen Fangen eines Fischs zu beschmutzen droht. Eine Ausländerin vielleicht, für die ein Rock ein kulturelles Gebot ist? Ein Rock mit einem großen Fleck, den die Trägerin sofort nach ihrem Nachhausekommen durch eine saubere Hose ersetzen wird, spätestens aber, wenn der Fisch zubereitet ist?

Nicht umsonst haben wir einleitend auf die artifizielle Konstruktion des Fotos hingewiesen. Es handelt sich um ein Kunstwerk. Um ein Seestück. Und die Kunst gibt auch eine befriedigende Antwort auf die Frage nach der geheimnisvollen Anglerin. Es muss die Indianerprinzessin Pocahontas sein, bekannt aus einer anderen Seelandschaft.

Nachbemerkung: Das Foto ist aus dem Jahr 2014. Der Standort des Fotografen bzw. der Anglerin ist im Stadtbild Trondheims kaum mehr zu erkennen.

Bildende Kunst und Design

Norwegische Kunst wird häufig mit dem Künstler Edward Munch verbunden, der ein beeindruckendes, bis in die heutige Zeit wirkendes Werk hervorgebracht und der Stadt Oslo ca. 1100 Gemälde und Tausende von grafischen Blättern und Zeichnungen hinterlassen hat. Entsprechend notwendig war ein eigenes Museum für dieses monumentale Werk, das im Jahr 1963 in Tøyen im östlichen Oslo eröffnet wurde. Der zurückgenommene, von Gunnar Fougnerud und Einar Myklebust entworfene Bau diente Jahrzehnte lang als relativ stiller Ort, an dem man sich auf die Arbeiten Munchs einlassen konnte. Ins Gerede kam das Museum wg. zu geringer Sicherungsmaßnahmen, spätestens nach der offensichtlich recht leicht zu bewerkstelligenden Entwendung von Munchs *Madonna* in 2004. Da das Gebäude räumlich sehr limitiert war und ein zentraler liegendes Museum deutlich mehr Aufmerksamkeit für das einzigartige Werk erreichen könnte, wurde 2008 ein Wettbewerb ausgeschrieben, den der spanische Architekt Juan Herreros und sein Studio gewann und für dessen Entwurf und Bau der Kasseler Architekt Jens Richter verantwortlich zeichnete. 2021 wurde das neue Munch Museum im Stadtteil Bjørvika am Osloer Hafen eröffnet. In unmittelbarer Nähe befindet sich die neue Oslo Skyline, dicht daneben die architektonisch ausgereifte Oper des norwegischen Architekturbüros *Snøhetta*.
Der 13-geschossige Bau des neuen Munch-Museums ist in seinen obersten Stockwerken mit einer zur Bucht geneigten Glasfassade ausgestattet, er hat durchaus eine immense Wirkung. In der norwegischen Kunstgeschichte sind monumentale Werke immer wieder aufgekommen – denkt man nur an die Skulpturen Vigelands, die sich im Osloer Frognerparken in hundertfacher Ausprägung gegenseitig überbieten. Das Munch-Museum mit dem Knick im Obergeschoss setzt

deutlich auf Eventkultur mit vielen Wechselausstellungen. Möglicherweise ist seine Gestaltung den heutigen Sozialen Netzwerken geschuldet, denn es lassen sich auf jeder Etage attraktive Selfies mit unterschiedlichsten Oslo-Ansichten schießen. Ob das Munch gefallen hätte, kann hier nicht beantwortet werden. Auf jeden Fall hätte ihn der Museumsshop, der unter anderem seine signifikante Arbeit *Der Schrei* als Motiv für ein Kunststoffbrettchen anbietet, sicherlich zum Nachsinnen veranlasst.

Doch mit solchen Entgleisungen freilich wichtiger Alltagsgegenstände wird die norwegische Designgeschichte konterkariert, die in der Regel bemüht war, Kitsch jeder Provenienz zu vermeiden. Wer sich davon überzeugen möchte, wird z.B. auf der englischen Website www.norwegianicons.no fündig. Das Label *Made in Norway* wird immer noch als Gütezeichen verwendet. Hierzu zählen z.B. *Stressless*, der als der bequemste Sessel der Welt gilt und von Jens Ekornes 1971 designt wurde, oder die zeitlosen Küchenschalen von Grete Prytz Kittelsen aus den sechziger Jahren (1962–1965). Auch die in vielen Büros und Konzertsälen Verwendung findenden Stühle von Øystein Iversen, die mit *City* benannt und bereits in den fünfziger Jahren entworfen wurden, stehen für bestes norwegisches Design. Immer noch weltweit verbreitete Werkzeuge ebenfalls, so wurde z.B. der Käsehobel von Thor Bjørklund, seines Zeichens Tischlermeister aus Lillehammer, im Jahre 1925 erfunden und patentiert. Auch auf die Erfindung der Büroklammer erhebt Norwegen einen gewissen Anspruch, denn 1899 beantragte Johan Vaaler aus Kristiania ein – deutsches – Patent auf den Vorläufer der heutigen Büroklammer, das er jedoch nicht vermarktete. Die Büroklammer wurde in Norwegen zum politischen Symbol, als 1940 eine studentische Widerstandsgruppe in dem besetzten Land eine im Knopfloch getragene Büroklammer als ihr Erkennungszeichen wählte. Dieses verbreitete sich und wurde zu einem Symbol des nationalen Zusammenhalts. Schließlich wurde das Anstecken von Büroklammern an Kleidungsstücken von den Besatzern unter Strafandrohung verboten. Heutzutage gibt es im Bezirk Nydalen ein fast 7 Meter hohes und damit monumentales Büroklammerdenkmal.

Dieses Objekt dürfte den Gegenwartskünstler Matias Faldbakken sicherlich kaum verwundern, denn er arbeitet in Wort und Bild insbesondere an den irritierenden Knicks heutiger Gegenwartskultur, mittels derer er der Gesellschaft den Zerrspiegel vorhält – seien es nun dem Vandalismus zum Opfer gefallene Objekte, durch Autounfälle verformte Leitplanken oder umgeworfene Bücherregale in Stadtbibliotheken. Faldbakkens Arbeiten reichen von Fotografie- und Videoprojekten über Installationen bis zu Wandmalereien und Zeichnungen, darüber hinaus hat er auch mehrere Romane veröffentlicht. Gemeinsam mit dem Post-Pop-Künstler Gardar Einar Einarsson gründete Faldbakken 1998 das *Bergen Museum for Samtidskunst*. Neben vielen internationalen Präsentationen nahm er auch an der documenta 13 in Kassel teil.

Kunstakademien in Oslo, Bergen, Trondheim, Tromsø und an anderen Orten sorgen für regelmäßigen Nachwuchs, der sich auch international behaupten kann. Diese Akademien haben in der Regel auch eine Designabteilung. Die kleinsten Orte verfügen über Ausstellungsmöglichkeiten, und auch an entlegenen Stellen des Landes werden Ausstellungen von Gegenwartskunst gezeigt, so z.B. in Svalbard, wo die Arctic University in einer Außenstelle über einen Kunstraum verfügt.

In Oslo ist das *Kunstnernes Hus* die größte Institution unter der Leitung von Künstlern, die sich vor allem der zeitgenössischen Kunst widmet und durch eine sorgfältige Ausstellungsarchitektur besticht. So z.B. in der Ausstellung Hullet i veggen (dt. *Loch in der Wand*) von Kim Hiorthøy, die zwischen Zeichnung und Skulptur sowie Abstraktion und Figuration oszilliert und sowohl das Prozessuale wie das Objekthafte ansichtig werden lassen – in Form von Holzmodulen, die einen Raum im Raum herstellen: Durch ein Loch in der Wand sind differente Perspektiven möglich. Diese 2022 realisierte Ausstellung wurde von Ragna Bley im Nebenraum mit eindrucksvoller großformatiger neo-informeller Malerei begleitet. Mit Eva Bergman, die zu den bekanntesten skandinavischen Protagonistinnen der Modernen Kunst nach dem Zweiten Weltkrieg zählt, gibt es eine wegweisende Vorläuferin abtrakt-expressionistischer Malerei in Norwegen. Bleys *Stranger's Eye* legte nahe, dass

die abstrakte Malerei mit neuen Materialien, Farben und Formen sich einmal mehr als sehr zeitgenössisch erweist. Sie ist – wie Bergman – in Schweden geboren, lebt in Oslo.
Klar, Gegenwartskunst lässt sich nicht mehr national oder regional eingrenzen, weshalb auch den Ereignissen am Rande des Kunstfeldes erhöhte Aufmerksamkeit geschenkt wird.

Zur Gegenwart der Sámi-Kunst

Während der 14. documenta im Jahr 2017 traf man auf Arbeiten und Artefakte, die aus Regionen stammten, die bislang auf einer documenta überhaupt noch nicht oder nur sehr spärlich vertreten waren. Chefkurator Adam Szymczyk bezog sich bei seinem Ausstellungskonzept zentral auf die Philosophin Gayatri Chakravorty Spivak, die in den neunziger Jahren die Idee eines *Learning to Unlearning* vorgebracht hatte. Dieses *Unlearning* betraf sowohl die Erwartungen an eine Großausstellung als auch die Kunstbegriffe, die die gängigen Debatten bestimmten und *verlernt* werden sollten. Nachdem man heute kaum noch mit einer Großausstellung Aufmerksamkeit erzielen kann, indem man Berliner, New Yorker oder Londoner Positionen zeigt, und die documenta spätestens seit Okwui Enwezors epochaler 11. Ausgabe bereits eine planetarische Perspektive eingenommen hatte, war es nicht verwunderlich, sich den wenigen noch verbliebenen Randzonen der Kunst zu widmen. Kunst und Kultur der Sámi lieferten hierzu einen Beitrag aus nördlichen Gefilden.
Die Sámi, die letzte indigene Bevölkerung Europas, lebt jenseits des Polarkreises in Norwegen, Schweden, Finnland und Russland. Man schätzt ihre gesamte Anzahl auf insgesamt ca. 100 000 bis 140 000 Menschen, die zum Teil noch nomadisch leben. Für das zeitgenössische Kunstfeld sind sie allein schon deshalb interessant, weil sie als indigenes Volk eine wenig bekannte Minderheit sind, die von den jeweiligen Regierungen mit Beschränkungen der Sprache, der

Siedlungsgebiete, ihrer Herdenhaltung und Religionsausübung etc. bedrängt wurden und werden.
Die Sámi haben kulturell Einzigartiges hervorgebracht, so z.B. den *Joik*, eine auch rituell praktizierte Verschränkung von Klang und Sprache, bei der guttural vorgetragene Melodien Menschen, Tiere und Naturerscheinungen besingen, um sich ihnen anzunähern bzw. sich mit ihnen zu verbinden. Heute entwickeln aktuelle Musikprojekte wie z.B. *Arvvas* um die Sängerin Sara Marielle Gaup, die in Nordnorwegen lebt, eine Verbindung von traditionellen Joik-Elementen mit Rock und Jazz, während z.B. Sophia Jannock in Schweden Ähnliches mit Pop und Folk realisiert hat.
In der bildenden Kunst haben sich Sámi seit den siebziger Jahren des 20. Jahrhunderts zu Künstlergruppen formiert, die auf Entwicklungen der Gegenwartskunst reagiert haben. Selbstverständlich verwenden sie heute dafür alle verfügbaren technologischen Mittel, aber sie lösen das Traditionelle nicht z.B. in einer digitalen Imagination auf, sondern stellen mit physischen Artefakten ihre Identität heraus. Die hartnäckige Verteidigung ihrer Kultur und ihrer Überlieferung hat in Norwegen zu einem eigenen Sámi-Parlament geführt, das in Karasjok in der Provinz Finnmark angesiedelt ist. An der 14. documenta nahmen u.a. Máret Ánne Sara, Hans Ragnar Mathisen, Britta Marakatt-Labba und Joar Nango aus dem samischen Kontext teil.
Nahezu zeitgleich zur documenta 14 fand jenseits des Polarkreises im nordnorwegischen Tromsø im dortigen *Nordnorsk Kunstmuseum* eine Ausstellung mit dem beziehungsreichen Titel *There is No* statt. Dieser bezog sich nicht nur auf die Abwesenheit eines Begriffes für Gegenwartskunst in der Sprache der Sámi bis in die siebziger Jahre des vorigen Jahrhunderts, sondern auch auf das Nichtvorhandensein eines Museums für die zeitgenössische samische Kunst. Da an der *Arctic University* in Tromsø, der nördlichsten Universität der Welt, die Kunst der Sámi seit 2009 beforscht

wird und andererseits das Tromsøer Museum die weltweit größte Sammlung an Sámi-Kunst aufweist, bestand eine ausgezeichnete Basis für ein Ausstellungsprojekt, das eine deutliche Differenz zur bis dahin meist ethnographischen Betrachtung der Sámi-Kunst darstellte.

Gemeinsam mit dem in Karasjok in der Finnmark angesiedelten *RiddoDuottarMuseat*, das eine Sammlung von Sámi-Kunst beherbergt, entwickelte der Kurator Jérémie McGowan die Idee eines temporären Museums für die zeitgenössische Kunst der Sámi. Das Nordnorsk Kunstmuseum wurde schließlich für vier Monate zu Gunsten einer Museumsperformance umgestaltet und ein *Sámi Dáiddamusea* zum Leben erweckt. Die Performance-Künstlerin Marita Isobel Solberg übernahm den Part der Museumsdirektorin, und 60 Künstlerinnen und Künstler nahmen an dem Projekt teil.

Das Verhältnis von Kunst und Kunsthandwerk ist im Kunstdiskurs keineswegs zu Ende gedacht. Die Tromsøer Ausstellung ging diese Thematik so offensiv an, dass die kunsthandwerklichen Aspekte der Ausstellung hervorgehoben wurden und das verwirrende Ineinander von »angewandter« und »freier« Kunst als oszillierende Einheit herausgestellt werden konnte.

Installateur und Museumsdirektor

Eine Fjordbucht mit Bootshaus und Anleger in der Nähe von Brønnøysund, einer Gegend voller »Küstencharme in Norwegen«, wie es eine Internetseite formuliert. Hier stromerten wir an einem warmen Tag auf der Suche nach einer geeigneten Badestelle herum und stießen dabei auf ein Areal mit 3 Gebäuden. Zwei davon waren ziemlich verfallen. Seit Jahrhunderten soll hier ein Handelsplatz existiert haben, *Tilremsmartnan*, stand auf einer verwitterten, kaum lesbaren Tafel für uns in rätselhafter Weise. Während wir uns noch die widerständigen, kräftigen Blumen und Pflanzen der Polarkreisregion anschauten, fuhr wie aus dem Nichts ein Fahrzeug heran, und ein älterer Herr stieg aus, ein zangenartiges Werkzeug in der Hand. Er nickte uns kurz zu und holte dann eine kleine Motorsense aus dem Kofferraum, die er sogleich in Gang setzte. Die Ruhe des Ortes war dahin. Wir fotografierten das Stahlgerippe einer nur noch zu erahnenden Halle und machten keine Anstalten, den Ort zu verlassen. Entspannt setzten wir uns auf die Eingangstreppe des unversehrten, aber in die Jahre gekommenen Haupthauses.
Irgendwann unterbrach der Mann abrupt seine Arbeit und kam auf uns zu. Sein Gesicht war voller kleiner grüner Pflanzenschnipsel, ein reifer Gärtner in Kriegsbemalung. Er war sehr freundlich und stellte sich vor. Sein Englisch war mager, und unser Norwegisch reichte auch nicht für eine flüssige Konversation. Doch weil wir uns bemühten, überhaupt etwas zu verstehen, bekamen wir heraus, dass dieser Ort *Tilrem Markedplassen* heißt, und dass der vor uns Stehende, Gestikulierende den Namen Jarle Johansen trägt. Er sei ein pensionierter *Rørlegger*, ein Installateur; – wieder ein Wort mehr für uns. 1997 habe er das weiße Holzhaus, vor dem wir stehen, aus 10 Kilometern Entfernung auf einem Sattelschlepper hierher gebracht und sich damit

einen Traum erfüllt: ein eigenes Museum. Er lud uns ein, das Haus zu betreten. Dieses sonderbare Museum beherbergt eine Sammlung, die so eigenwillig wie folgerichtig anmutet: Es besteht aus Objekten, Fotos und Dokumenten der Menschen, die hier in dieser kleinen Siedlung Tilrem irgendwann gelebt hatten. Gerahmte Bilder, Blechspielzeug, eine Zinkwanne, Pokale, Leertuben für das Aufziehen von Zahnpasta, Fahnen, Alben, eine alte Orgel und vieles mehr. Der Museumsleiter erzählte uns mit allen zur Verfügung stehenden Mitteln, dass in dem bis zum Gerippe verfallenen Nebengebäude in den fünfziger Jahren Tanzveranstaltungen stattgefunden hatten und er selbst dabei als gefeierter Musiker auf der Bühne stand. Ich probierte die Orgel aus, und tatsächlich kam ein halbwegs wiedererkennbarer C-Dur-Akkord dabei heraus. Jarle ließ sich nicht zweimal bitten, und schon spielten wir gemeinsam auf diesem Instrument, das vermutlich seit Jahren nicht mehr in Betrieb genommen wurde. Unsere einzige Zuhörerin zeigte ihr verständnisvollstes Lächeln, denn nicht alles klang harmonisch. Doch einen solchen Live-Auftritt hatte dieser Ort seit vielen Jahren nicht mehr erlebt, wie der Hausherr uns mitteilte. Als er seine Arbeit wieder aufnahm, weil er sich beeilen musste und seine Frau schon mit dem Mittagessen wartete, wie sie auf dem Handy durchgegeben hatte, gingen wir noch durch das Haus, berührt von der eigentümlichen Präsenz so vieler unbekannter Erinnerungen und Gegenstände. Ohne abzuschließen verabschiedete sich Jarle von uns mit den Worten: »In hundert Jahren sehen wir uns wieder«. Was für ein Satz! – Ja, Museen sind vor allem für unwahrscheinliche Formen des Wiedersehens da.

Saltstraumen

Der Saltstraumen bei Bodø ist nicht so bekannt wie der weiter nördlich gelegene Maelström, welchem Edgar Allen Poe seinen Weltruhm verdankt. In Poes 1841 erstmals erschienener kleiner Erzählung *A Descent into the Maelström* – eine »Hinabwirbelung« nennt das einer der ersten deutschen Übersetzer – berichtet ein »alter Mann«, der wohl noch gar nicht so alt ist, aber weißhaarig geworden ist aufgrund der »Herabwirbelung« drei Jahre zuvor, seinem Begleiter, einem Reisenden, wie er und seine Brüder mit ihrem Fischerboot in einen riesigen Wasserwirbel gerieten und in dessen trichterförmigem Zentrum immer tiefer gezogen wurden. Er bemerkt, dass größere Gegenstände rascher wieder nach oben gelangen, und ihm gelingt es, sich mithilfe eines Fasses zu retten, während seine beiden Brüder ertrinken.

Als die Leute sich die Erde noch als eine flache Scheibe vorstellten, war hier das Ende der Welt, in dem Schiffe und Boote in Abgründen versanken. Jedenfalls galt das für in der Ferne schreibende Gelehrte wie Adam von Bremen, Albert Krantz oder Olaus Magnus, der in seiner von Fabeltieren und Ungeheuern wimmelnden Carta Marina den Wirbel als *horrenda caribdis* verzeichnet – ohne ihn übrigens mit einem Eigennamen zu versehen. Die Leute vor Ort, wozu in jedem Frühjahr auch zahlreiche Wanderfischer aus südlicheren Regionen zählten, wussten es besser: dass man nämlich auch nördlich der Lofoten noch Fischfang betreiben konnte.

Von dieser Tradition her gesehen – aber auch in vielen Details – handelt es sich bei *A Descent* um eine phantastische Geschichte. Freilich um eine, die genau und mit großer Akribie in einem Hier, also auf Seiten des außerliterarisch Realen, verortet ist. Typisch dafür sind die kleinen Inseln am Rande des Maelström, die der Text mit ihren wirklichen geographischen Namen verzeichnet: Vurgh, Moskoe,

Ambaaren, Islesen, Hotholm, Keildham, Suarven, Buckholm, Otterholm, Flimen, Sandflesen und Stockholm werden aufgeführt. Listig lässt der Text den Alten bemerken: »Dies sind die wirklichen Namen aller dieser Erdenflecke – aber weshalb man es für nötig gefunden hat, dieselben überhaupt zu benennen, werden wir uns wohl nicht erklären können.«

Die implizite Frage ist in der Tat schwer zu beantworten. Vermutlich erhielten die bedeutungslosen kleinen Inseln Namen, weil sie in den kurzen nordischen Sommern eben doch wirtschaftlich bedeutend waren, wenn sie der Schafsbeite dienten oder der Ernährung von Rentieren. Dann mochte es wichtig sein, Eigentumsansprüche über geographische Namen zu formulieren. Überdies zeigen diese Namen, dass der Norden Norwegens als ein Geflecht von Eigentumsgrenzen zivilisierter war, als Ortsfremde das wahrhaben wollten.

Vor allem aber verdeckt die Problematisierung des Alten die Transformation geographischer Zeichen in entschieden literarische Zeichen. Als Realien scheinen sie die Authentizität des Textes zu verbürgen: Der Ort, an den der alte Mann seine Erlebnisse bindet, liegt in einem uns zwar nicht vertrauten, aber für uns literarisch erfahrbaren Raum. Die Namen sind in unseren Karten, Atlanten und Handbüchern verzeichnet. Niemand, kein Leser, soll glauben können, dass hier eine Geschichte erzählt werde, die er vielleicht schon in Homers *Odyssee* gelesen hatte.

Bemerkenswert ist eine Abweichung. Der hochgelegene Punkt, wo man den bestmöglichen Blick auf die Szenerie habe, die als Schauplatz der Binnenerzählung des Alten fungiert, existiert in der Wirklichkeit der Geographie nicht. Er ist aber zweifellos extrem wichtig für die Spannungsführung der Geschichte.

Möglich ist ein derartiger Blick von Land aus in der »Verwirbelung« des Saltstraumen, freilich nicht aus der von Poe geschilderten Höhe. Nun kann es hier keineswegs darum gehen, den Saltstraumen als den einzig wahren Maelström zu postulieren. Es ist vielmehr daran zu erinnern, dass Poe weder die eine noch die andere Untiefe je zu Gesicht bekommen hat. Er konnte also nur schildern, was ihm seine Erfahrung als Leser und seine literarische Intuition eingegeben hatten. Das freilich so intensiv, dass der Binnenerzähler, der Alte also, seinen durch den Touristen als Zuhörer repräsentierten Leser empfiehlt, sich am Gras festzuhalten, um nicht abzustürzen.

Reizvoll sind Überlegungen um die Frage, was eigentlich die Realien eines literarischen Textes seien: die Dinge oder deren Namen. Dass die keineswegs ineins fallen müssen, beweist dieser Text. Man kann annehmen, dass die Unsichtbarkeit der Untiefen des Maelström erheblich zu dem Mythos in seiner Wiederbelebung durch den romantischen Realismus eines Edgar Allen Poe beigetragen hat. Denn der Blick in den Saltstraumen beweist die anspruchsvolle Unscheinbarkeit des Phänomens: Wer hier auf die Verwirbelung des Wassers schaut, wird vorsichtig sein, aber gleichzeitig wissen, dass ihm nicht passieren kann, was der Alte als seine Überlebenserfahrung schildert.

Es ist der vergleichsweise poetischere Name, in dessen Klang die zermalmende Wucht des Wassers mitzuschwingen scheint, der erheblich zum literarischen Mythos der Untiefe beiträgt. Der Maelmström ist so etwas wie das Letzte der Monster, die auf der oben erwähnten Carta Marina (1539) des Olaus Magnus diese Weltgegend bevölkerten; er ist ein Seeungeheuer, dem die Aufklärung, die fortschreitende Erforschung der Ozeane, anders als den Schiffe verschlingenden Riesenkraken, nicht den Garaus zu machen vermochte.

Husfliden & Bunad

Zwei kleine Inseln in Nordnorwegen, verbunden durch eine Brücke, unter der in jedem Dezember Wale schwimmen, eine insbesondere im Winter nahezu bestürzend schöne Landschaft, mit schneebedeckten Bergen, wohin das Auge reicht, und türkisgrünem Wasser an hellen Sandstränden. Ein Ort, den wir erst im zweiten Anlauf erreichten. Beim Ersten unterschätzten wir die geringe Frequenz der Busverbindung von Tromsø aus, die zwar sehr zuverlässig, aber so sparsam gesetzt ist, dass vor allem Schulkinder etwas davon haben. Im zweiten Anlauf logierten wir im einzigen Hotel, das auf Hillesøy gebaut und mittlerweile angesichts der zunehmenden Gästezahlen deutlich erweitert wurde. Die andere Insel heißt Sommarøy, und es gab eine Zeit, wo man ein Boot brauchte, um von Hillesøy aus nach Sommarøy zu kommen und das nur wenige Meter breite Wasser zu überwinden.

Norwegen hat viele wundervolle Inseln. Eine der größten befindet sich vis-á-vis dieser beiden kleinen, nämlich Senja, die von allen Landschaftsformationen des Landes etwas aufbieten kann. Sommarøy erreichte durch einen Artikel der Frankfurter Allgemeinen Zeitung vom 19.6.2019 medialen

Ruhm, da nach einer Petition des langjährigen Hotelmanagers Kjell-Ove Hveding die 350 Bewohner der Insel gefragt werden sollten, ob sie die *Zeit* zwischen dem 18. Mai und dem 26. Juli nicht abschaffen wollten, mit der Begründung, dass in den 69 Tagen um die Sommersonnenwende die Helligkeit nicht schwinde: »Die Mitternachtssonne macht Uhren bei uns überflüssig.«

Im Februar 2014 lief ich an einem stürmischen Tag vom Hotel aus mit meiner Gefährtin nach Sommarøy. Wir steuerten, nachdem wir die Brücke überquert hatten, den einzigen Supermarkt der beiden Inseln – einen *Matkroken* mit Aufenthaltsraum – an, der über ein ganz erstaunliches Sortiment verfügt und neben Kaffee und Keksen auch eine bunte Auswahl an einsatzbereiten Brillen für die Kunden bereitstellt. Im Souterrain findet sich ein kleiner Flohmarkt mit angeschlossenem Mini-Museum zur Geschichte des Ortes. Man kann an der Kasse fragen, ob man beides besichtigen darf. Vorbei an dieser multifunktionalen Stätte zum Kauf des Lebensnotwendigen, wozu natürlich auch eine Post gehört, gelangten wir zur Fischfabrik, die lange Zeit die hauptsächliche Arbeitgeberin des Ortes war. Bei einer Anhöhe entdeckten wir ein kleines weißes Holzgebäude, das *Låvhaugen Bygdemuseum*, neben dem eine rostige deutsche Seemine die Gefährlichkeit der hiesigen Gewässer zur Zeit des Zweiten Weltkrieges bezeugt. Das Schneetreiben war mittlerweile so stark, dass unsere Sicht stark eingeschränkt war. Wir wendeten, gingen zur Straße und hielten vor einem Haus, an dem ein befestigter Aufsteller das Wort »Åpen« (geöffnet) zeigte. Wir hatten keine Ahnung, für wen oder was dort geöffnet sein sollte, stiegen aber unerschrocken die Holztreppe hoch. Im Vorraum waren Stimmen zu vernehmen, und als wir die Tür öffneten, zeigte sich uns ein mit vielen ausgestellten Strickwaren eingerichteter Treffpunkt, in dem sich einige Menschen angeregt an den wenigen Tischen bei Kaffee und Waffeln unterhielten. Ein Mann mittleren Alters mit roter Daunenjacke fiel uns sofort auf: Jan Bakkevoll, ein

mittlerweile in Tromsø lebender Sohn der Insel, war so neugierig auf uns wie wir auf ihn. Man hatte fremde Gäste bei diesem Wetter wohl nicht mehr erwartet. Umso erfreuter verlief die Begegnung, in deren Verlauf uns Jan eine wichtige Persönlichkeit des Ortes vorstellte: Margareth Hansine Eidem, die jahrzehntelang in der Verwaltung der Fischfabrik gearbeitet hatte und für viele Menschen auf Sommarøy eine zuverlässige und lebensfrohe Ansprechpartnerin darstellte, sei es in der örtlichen Kirche oder in dem kleinen Museum *Låvhaugen*, das sie seit Längerem betrieb. Das Museum war geschlossen, doch Margareth fragte uns gleich, ob wir es denn besichtigen wollten. Wenig später machten wir uns auf den Weg, und die betagte Dame schlitterte gewandt über die vereiste Straße zu ihrem Haus, um den Schlüssel zu holen. Beim Rausgehen sahen wir das Schild „Husfliden", das vom Schnee bedeckt war. Es war also durchaus ein zum Teil öffentlicher Ort, den wir betreten hatten, ein Laden und Strickklub, der an Samstagen als Café dient. Wir gingen gemeinsam mit Jan zum Museum und erhielten eine sehr persönliche Führung, in der uns Margareth Fotos ihrer Familienmitglieder aus früheren Zeiten und viele Alltagsgegenstände zeigte, die die Lebensumstände in der arktischen Welt deutlich machten. Sie erzählte u.a. von Wanny Woldstad, der ersten norwegischen Eisbärenjägerin, die in späteren Jahren auch die erste Taxifahrerin Nordnorwegens wurde. Im Tromsøer Polarmuseum ist ihr ein eigener Raum gewidmet. Margareth und Jan erklärten uns auf Nachfrage auch den Begriff »Husfliden«, der ins Deutsche leidlich mit »Heimindustrie« übersetzt werden könnte.
Ende des 19. Jahrhunderts wurde der Husfliden-Verband gegründet, um lokalen bzw. regionalen Handwerksprodukten in Städten und Dörfern Vertriebsmöglichkeiten zu bieten. Das erste eigenständige Husfliden-Geschäft eröffnete 1892 in der Osloer Carl Johansgate. Damals hieß die Stadt noch Kristiania. Überall im Land entstanden nach und nach ähnliche Läden, häufig auch in Verbindung mit Kaffeeaus-

schank. Insbesondere für Bewohner abgelegener ländlicher Gegenden wurde der Verkauf ihrer Waren ohne Zwischenhandel in einem Husfliden zu einer wichtigen Einnahmequelle. Heute findet man in den meisten norwegischen Orten einen Husflidenladen, überwiegend mit Exponaten aus der Handarbeit. Die geräumigeren dieser Geschäfte haben häufig auch eine *Bunad*-Abteilung.

Bunader sind Trachten, die mit traditionellen Formen und Mustern verarbeitet sind, die jedoch erst im Zwanzigsten Jahrhundert als Ausdruck norwegischer Unabhängigkeit und wachsender Nationalromantik entwickelt wurden und sich dabei auch an Vorbildern aus dem deutschsprachigen Raum des 19. Jahrhunderts orientierten. Diese regional variierende Bekleidung wird heute gern zu besonderen Anlässen getragen, insbesondere am *Grunnlovsdagen*, dem Tag der Verabschiedung der bis heute geltenden norwegischen Verfassung im Jahre 1814 - einem 17. Mai - an dem immer noch die 1905 vollzogene Unabhängigkeit Norwegens von Schweden zelebriert wird. Die Designs unterscheiden sich je nach Region deutlich. Mit einer Bunad würdigt man öffentlich das Land oder auch die Region, mit der man verbunden ist, Stoff und Verarbeitung dieser Trachten sollten stets von allerhöchster Qualität sein. Als »Erfinderin«

des Bunad-Outfits gilt Hulda Garborg: Die Autorin und passionierte Kulturforscherin engagierte sich politisch in der liberalen *Venstre*-Partei, setzte sich schon früh für Frauenrechte ein und sammelte Lieder, Rezepte und überlieferte Textilmuster und Accessoires aus dem ganzen Land, um sie zu Bunader zusammenzufügen. Norwegen würdigte ihre Arbeit, indem sie im Jahr 1932 zum Ritter 1. Klasse des Sankt-Olav-Ordens ernannt wurde. Florale Motive und Ornamente kennzeichnen Bunader. Eine komplette Tracht ist dabei weitgehend im Schichten-Look zu tragen, wie es das oft wechselhafte norwegische Wetter bis heute erfordert. Nahtlos wurde die Bunad im 21. Jahrhundert weiterentwickelt, und die mittlerweile sehr zahlreichen Touristen aus der ganzen Welt staunen über die robusten, aber gleichzeitig eleganten Trachten. Das norwegische Label *Sptzbrgn* wirbt auf seiner perfekt gestylten Website mit dem Slogan: »Tradisjon møter innovasjon i SPTZBRGNs bunadslips« (»Tradition trifft Innovation bei SPTZBRGNs Bunadschlips«). Die hochwertigen, fein aus Wolle und Seide gewebten, gleichzeitig soliden Krawatten mit aus den unterschiedlichen Regionen bezogenen textilen Mustern und Farben verbinden die Bunad mit heutigem Hipstertum und Heritage-Look. Das bringt den Bunadschlips in die Städte, und auch, wenn die Website ohne englische Übersetzung auskommt, stellt sich die Frage, ob nicht auch zahlungskräftige Touristen zugreifen; - in Berlin, Tokio, Rom, Zürich oder Shanghai sollen schon Männer mit Bunadschlips gesichtet worden sein. Darüber gab es Diskussionen, denn eine allzu ostentative Norwegen-Verehrung im Ausland ist nicht wirklich mit der norwegischen Mentalität kompatibel und ähnelt der Imitation des Berliner Dialekts durch schwäbische Einwanderer im Kreuzberg des 20. Jahrhunderts. Man kann aber angesichts der gar nicht so alten Bunad-Tradition schwerlich über den Ausverkauf einer Überlieferung lamentieren. Das heutige Design, die heutige Mode nehmen Impulse von überall her auf. Deshalb könnte ein kulturell angeeigneter Bunad-Schlips vielleicht auch als positiver modischer Beitrag Norwegens zur Globalisierung verstanden werden. Einen Bunad-Schlips aus Freude über seine schöne Form zu tragen, ohne über eine direkte nationale oder regionale Anbindung zu verfügen, wäre also kein absolut schlimmer Fauxpas.

Der verlassene Hof

Man kann eigentlich nicht sagen, Norweger rissen nicht gern Gebäude ab. Ganz im Gegenteil: Der Brutalo-Moderne der sechziger und siebziger Jahre fielen in den norwegischen Städten und Städtchen ganze Kieze zugunsten von Bauten zum Opfer, die jetzt, fünfzig Jahre später, ihrerseits wieder abgerissen werden, um dem Vernehmen nach humaneren Neubauten Platz zu schaffen.

Man kann gewiss nicht sehen, ob die drei Gebäude auf dem Foto ein Abrissfall oder eine Sanierungssache sind. Es entspricht der Tradition, dass Norweger, die in die Stadt ziehen, um da viel Geld zu verdienen, die oft bescheidenen Familiensitze behielten, pflegten und insbesondere technisch modernisierten. Man nutzte das Anwesen der Väter und Vorväter als *hytte*, als Ferienhäuschen. Man kann trefflich spekulieren, warum das hier nicht der Fall ist. Doch man kann mit Gewissheit vermuten, dass sich niemand unter den weitläufigeren Nachbarn über den Zustand des Hofes aufregt. Norweger sind in der Regel sympathisch diskret, und sie respektieren fremdes Eigentum bis an den Rand des Absurden. Zwei Beispiele mögen das illustrieren. Bald, nachdem ich nach Norwegen gezogen war, stieß ich bei einer Wanderung auf eine besonders schöne Waldwiese mit einer herrlichen Aussicht. Der idyllische Eindruck wurde freilich gemindert durch die Reste von mindestens einem Dutzend kleiner Feuerstellen, die die Wiese wie Pockennarben sprenkelten. Niemand eignet sich eine Feuerstelle an, die ein anderer Wanderer angelegt hat. – Vor einigen Jahren wurden in einer verfallenden Hütte die mumifizierten Reste eines vor Jahren, vielleicht vor Jahrzehnten gestorbenen Mannes gefunden, den niemand vermisst hatte, da er ein ausländischer Landstreicher war. Sein Sterbeort lag nur wenige Meter von der Nachbarhütte entfernt. Nun gibt es einige Hinweise darauf, dass der Hof gar nicht so verlassen ist, wie er aussieht. Um den Mast links des Hauptgebäudes windet sich blau-weiß-rot eine norwegische Flagge. Und an einem der Fenster lässt sich ein grüner Farbfleck erkennen, möglicherweise eine Topfpflanze.

Tatsächlich lässt sich der Hof *Matvika* am sonnenreichen nördlichen Ufer im Innern des Geirangerfjordes im Fylke Møre og Romsdal bis ins Jahr 1634 zurückverfolgen. Die landwirtschaftliche Fläche war klein, nicht mehr als 3000-4000 Quadratmeter. Begrenzt wurde sie links und rechts von tiefen Einschnitten, in denen im Winter Schneelawinen niedergingen, während das Gelände selbst lawinenfrei war. Dies bedingte auch die hohe Lage der Gebäude, die sonst durch den erheblichen Wellenschlag niedergehender Lawinen bedroht wären. Aus diesem Grund wurde auch das kleine Bootshaus links im Bild – die einzige Verbindung zur Außenwelt – massiv in Stein aufgeführt.
Im Wesentlichen bestand der Hof aus der bebaumten Fläche zwischen der Küstenlinie und den Hofgebäuden, wo bis heute sogar Aprikosen gedeihen und einst Freiland-Tomaten geerntet wurden. Außerdem lebten hier im vergangenen Jahrhundert über fünfzig Ziegen, die teilweise mit dem Heu anderer, bereits aufgegebener Höfe gefüttert wurden und

deren Milch man in der weit entfernten Molkerei zu Käse verarbeitete. Die Einstellung des bis Dato regelmäßig verkehrenden, nun unrentabel gewordenen Milchbootes im Jahre 1961 zog die Einstellung der Landwirtschaft nach sich: Der Hof wurde aufgegeben und begann zu verfallen.
Inzwischen haben *Storfjordets venner*, eine 1975 gegründete regionale Gesellschaft der Freunde des Storfjords, die Verantwortung für diesen und zahlreiche weitere alte Höfe übernommen und historisch behutsam den weiteren Verfall gestoppt.
Ein kleiner Hof im Innersten eines tiefen Fjordes, vor einer hohen und steilen Felswand gelegen, auf dem Landwege überhaupt nicht und übers Wasser nur unter langwierigen Anstrengungen und nicht ohne Gefahren zu erreichen. Andererseits ein sonniger Ort, wo sonst nur viel südlichere Pflanzen gedeihen. Ein hochspezialisierter landwirtschaftlicher Betrieb von der Größe eines Gartens, ertragreich und in der Lage, eine Familie zu ernähren, nachdem jemand auf die Idee gekommen war, mit den richtigen Pflanzen und Tieren zu arbeiten, solange dies möglich war.

Tobakk og Frukt

Verdächtig sind die Dachrinnen. Gut erhalten wie hier im Bild, stellen sie einen Anachronismus dar in einer Welt, die wir verloren haben. Wer das erst einmal wahrnimmt, sieht dann auch, dass die Farben zu frisch sind, um zur Atmosphäre eines Bildes von um 1960 zu passen. Es sind kleine Häuser zu sehen, und das will sagen: Kleiner Leute Häuser, deren Besitzer und Bewohner sich 15 Jahre nach dem Ende des Zweiten Weltkriegs und also noch in der letzten Nachkriegszeit aufwendige Renovierungen, neue Dachrinnen aus Stahlblech und frische Farben in Regel nicht leisten konnten.

Die, für die das nicht galt, waren inzwischen in andere Häuser gezogen, die weniger eng, weniger bedrängt waren. Armutsquartiere haben sich in Norwegen, zumindest in Hochschul- und Universitätsstädten mit entsprechend wenig solventen Mietern, bis zum Beginn der neunziger Jahre erhalten können, als das Öl den neuen Reichtum ins Land schwemmte. Wenn sie nicht, wie zum Beispiel in Tromsø,

ökonomischen Taktiken der verbrannten Erde zum Opfer fielen und durch bemerkenswert gesichtslose Neubauten in Beton ersetzt wurden, die inzwischen ihrerseits vielfach der Abrissbirne zum Opfer fielen, wurden sie, wie in Bergen, renoviert und sehen dann ungefähr so aus wie auf dem Bild. Die Geschäftsbezeichnung »Tobakk og Frukt« – im Zentrum des Bildes an der Querstraße – wird man im modernen Norwegen vergeblich suchen. Es muss diese kleinen Läden zu hunderten und vielleicht zu Tausenden gegeben haben. Vergleichbar sind sie vielleicht den Büdchen des Ruhrgebiets; nur war es in Norwegen nicht erlaubt, dort alkoholische Getränke zu verkaufen. Das war und ist bekanntlich das Privileg des liebevoll *Polet* genannten staatlichen Alkoholhandels. Stattdessen gab es Schokolade und andere Süßigkeiten für die Kinder, es gab Zeitungen und Zeitschriften und jene in einem altmodischen Deutsch als Groschenhefte bezeichneten Krimi- und Liebesromane, die heute noch im Norwegischen als *Kioskliteratur* bezeichnet werden, Comics und andere Medien. Dass es, wie die Reklamen andeuten, auch Eis und Coca Cola gegeben hätte, erscheint fragwürdig: Wo hätten in einem derart kleinen Laden die Kisten mit Flaschen gelagert, wo hätten Getränke und Eis gekühlt werden können?
Und es gab verschiedene Tabakwaren, Zigarren, Zigarillos, Zigaretten, *Rulletobakk* zum Drehen von Zigaretten, und *Snus*, eine Art von Kautabak, die in vielen anderen Weltgegenden längst sehr aus der Mode gekommen ist, doch z.B. in der norwegischen Gegenwartsliteratur – siehe Matias Faldbakkens *Unfun* – als Accessoire eines rauen Lebensstils Verwendung findet.
Tabak wurde lange nicht in vergleichbarem Maße als Sünde angesehen wie Alkohol. Er war frei verkäuflich. Mitte der fünfziger Jahre, in der hohen Zeit dieser kleinen Handlungen, die oft Einmannbetriebe waren, existierten in Norwegen 22 Tabakfabriken. Unter dem Druck ausländischer Konkurrenz und hoher Preise reduzierte sich diese

Zahl in den folgenden Jahren kräftig. Die letzte norwegische Tabakfabrik stellte 2008 die Produktion ein. Geraucht wird immer noch. Die schwarzweiße Reklame rechts der Tür, über der Coca-Cola-Reklame mit dem signifikanten Schriftzug, wirbt für Teddy-Zigaretten. Filterlos. Als ich nach den ersten filterlosen Zigaretten in Norwegen fragte, wurden mir Teddy empfohlen mit der Bemerkung: »Die hat unser König auch geraucht.« Gemeint war nicht der immer noch amtierende König, sondern dessen Vater, der, wie ein ikonographisches Foto zeigt, mit der Straßenbahn zum Skilaufen fuhr.

Heute freilich wäre – ein weiterer Anachronismus – die Reklame für Tabakwaren verboten. Das Foto zeigt eine Museumsstraße im Norsk Folkemuseum und folgt einer musealen Logik unserer Zeit, nicht einer sozialen und ökonomischen der fünfziger Jahre des Zwanzigsten Jahrhunderts.

Die Farm am Balsfjord

Die Veränderungen im bäuerlichen Leben Norwegens, die von Knut Hamsun in *Markens Grøde (dt. Segen der Erde)* und S*idste Kapitel* (dt. *Das letzte Kapitel*) eindrucksvoll geschildert worden sind, gehen in unserer Zeit rasant weiter in einem Land, das historisch vor allem von der Landwirtschaft geprägt war. Als einzige Einnahmequelle reicht diese heutzutage meist nicht mehr, und so besuchen Landwirte zunehmend Weiterbildungsseminare, in denen sie über einträgliche Tätigkeiten im Tourismus oder auch in der Sozialarbeit informiert werden. Während in den Fjorden immer mehr Höfe nicht mehr landwirtschaftlich genutzt werden, versuchen manche Enthusiasten, die landwirtschaftliche Welt, die sehr altes Wissen transportiert und für die Identität des Landes eine tragende Rolle gespielt hat, für die heutige Zeit zu erhalten.
Bård Andreassen, ein genuiner norwegischer Tausendsassa, der schon als Taucher Tiefseekabel bei Spitzbergen verlegt hat und nahezu jedes mechanische Gerät reparieren kann, hat sich mit dem Kauf von Land am nordnorwegischen Balsfjord nach der Jahrtausendwende einen Wunsch erfüllt und gleichzeitig eine äußerst vielfältige Arbeitssituation geschaffen. Seit 2006 existiert *Nordre Hestnes Gård* bei Selnes am Balsfjord, Tiere und Menschen leben auf der Farm einträchtig zusammen: Hühner, Katzen, Hunde, Pferde und Ziegen. Die herrliche Natur mit sanften Schwingungen, die gleichzeitig kräftig und zart anmutet, spendet jeden Tag Kraft und Leichtigkeit für die oftmals schweren und vertrackten Aufgaben. Mal ist ein Zaun kaputt, mal haben sich ein paar Pferde auf und davon gemacht und müssen rasch eingefangen werden, oder es findet sich einfach nicht das richtige Netz zum Fischen des Abendessens. Hier werden Reitstunden auf Islandpferden gegeben und Nordlichter beobachtet, ökologisches Gemüse angebaut und Kinder

und Jugendliche aus schwierigen Lebenssituationen aus den größeren Städten im Süden des Landes mit einem erlebnispädagogischen Programm bewegt. Aus unterschiedlichen Ländern kommen sogenannte *Wwoofer*, die für Kost und Logis auf der Farm arbeiten und meist für mehrere Monate dort bleiben. Manche bleiben auch länger und helfen bei der Weiterentwicklung der Farm mit landwirtschaftlichen Arbeiten oder z.B. auch mit der Konstruktion von Webseiten. Auf jeden Fall können sie hier viel lernen und gleichzeitig ihre Kenntnisse und Fähigkeiten einbringen, wodurch ein sozialer Organismus entsteht, der die Farm neuen Einflüssen aussetzt. Denn es geht hier nicht nur um das nackte Landleben zwischen Feld, Stall und Markt, sondern durchaus auch um das Erproben von Lebensweisen mit Menschen aus sehr unterschiedlichen Ländern.

In der Scheune steht ein Holzkreuz, auf dem die Aufschrift »Gladyr« steht, was in der isländischen Sprache »Glückliches Tier« bedeutet. Es ist der Name eines schwarzen Islandpferdes, das hier jahrelang eine kleine Herde anführte und auch als Reitpferd im Einsatz war. Dieses Ross war eine der großen Tierseelen des Hofes, doch Ende 2017 starb es

durch eine Kolik. Auf Gladyr ritt ich einmal, und es führte mich, einen Dilettanten im Sattel, sicher und umsichtig über einen steilen und steinigen Strand. Ich war dem Pferd für seine Geduld mit mir dankbar. Seine Wärme teilte mir eine unbedingte Freundlichkeit mit. Die Todesnachricht betrübte mich sehr, wie auch alle anderen, die dieses wunderbare Tier kannten. Auf die Frage, wie lange es dauere, richtig gut reiten zu können, antwortete Bård einmal: »Mindestens 200 Jahre«.
Das Leben ist hier sanft, wenn man zu Gast ist. Ansonsten besteht es aus vielen Aufgaben, die früh morgens beginnen und am späten Abend enden, doch alles erfolgt im besten Sinne selbstbestimmt. Als ich in einem Winter Bårds Outfit (dicht gewebte Wollkappe mit seitlichen Schnüren, dicker Wollpullover mit traditionellem Muster) mit dem eines Isländers verglich, lautete seine lapidare Antwort: »I look like myself«. Und darum geht es an diesem Ort, wo jedes Beet, jede Axt und jedes Gebäude als ein Teil mit eigener Geschichte verstanden wird, das in dem Gefüge von Mensch, Tier, Pflanze und Werkzeug besteht. Einmal hatten wir ein Buch mitgebracht, einen regelrechten Folianten mit dem Titel *Norges Låver* (dt. *Norwegische Scheunen*). Der Band zeigt – trefflich fotografiert – alle möglichen Formen von Scheunen und landwirtschaftlichen Gebäuden vom äußersten Süden des Landes bis in den hohen Norden. Die Kultur des Scheunenbaus beruht auf jahrhundertelanger Tradition und entsprechend tradierter handwerklicher Kunstfertigkeit. Einige der Scheunen werden heute auch für Feste und Ausstellungen genutzt. Wir zeigten Bård das Buch, der es in stiller Begeisterung aufschlug, zu einem von uns viel zu dünn zubereiteten Kaffee. Er konnte sich kaum vom Anblick der Seiten lösen und betrachtete sie wie Abbildungen von Kunstwerken. Tatsächlich wirken diese Bauwerke stets wie in die Landschaft integrierte Monumente, wie Gestaltungen der möglichen Versöhnung von Kultur und Natur. Eine in Falunrød gestrichene Scheune mit an manchen Stellen

bereits verblichener Farbe ist ein ikonisches Motiv der Welt des Nordens. Auch wenn es im Zeitalter von Smartphones und Tablets mittlerweile inflationär gebraucht wird, zeigt es noch in massiver Verbreitung seine eigene Wahrheit, die sowohl von der Gegenwart wie auch von der Vergangenheit eines ländlichen Lebens bestimmt ist.
Die Menschen vom Balsfjord gelten als sehr geschickt, stark und auch als trinkfest. Eine in der Gegend von Tromsø sehr bekannte Geschichte ist die des Fischers Eidis Hansen (1777–1870) aus Labukt am Balsfjord. Nachdem er längere Zeit auf Fischfang unterwegs war, ruderte er den weiten Weg von Labukt nach Tromsø, um sich mit Vorräten und Alkohol einzudecken. Dort wurde er in einem Kontor am zentralen *Prostneset* nicht bedient, vermutlich wegen seines markigen Auftritts. Er soll darüber so wütend geworden sein, dass er zum Ufer des Tromsøysundes ging und dort einen 371 kg schweren Stein fand, den er dann direkt vor die Tür des Geschäftes platzierte. Die Angestellten vermochten es auch gemeinsam nicht, den Findling wegzubewegen, und so mussten sie wohl oder übel Eidis Hansen nachgeben. Der Stein steht heute, mit einer Gedenktafel versehen, im Schatten der Bronzestatue für den Polarforscher Roald Amundsen.

Markens Grøde oder
Die Beerensammler*innen

Das statistische Zentralbüro Norwegens wird nicht müde, darauf hinzuweisen, dass Norwegen keine Lebensmittel importieren müsste, wenn im Herbst alle im Lande reifenden Beeren gepflückt würden. Dieselbe hohe Behörde mischt sich gern auch ein in die Diskussion um neu zu eröffnende Läden des Staatlichen Alkoholhandels und weiß den Anstieg der Zahl der Todesopfer, der misshandelten Frauen und Kinder sowie der wachsenden Krankenkosten auf die abgeschaffte Öre genau zu berechnen. Auch hat man herausgefunden, dass im nördlichen Norwegen die Sonne mehr scheint als am Äquator, nicht nur wegen der Mitternachtssonne im Norden, sondern vor allem, weil am Äquator mit seiner üppigen Vegetation und den dichten Blätterdächern die Sonnenstrahlen nicht bis zum Boden durchdringen können.
Ich weiß nicht genau, wo in Oslo dieses Büro liegt, hege aber keinen Zweifel, dass es von der dortigen Bevölkerung mit einem ähnlichen unheimlichen Schauder passiert wird wie in Moskau das Lubjanka Gefängnis.

Das Gendersternchen im Titel signalisiert einen Sehfehler. Der ältere der beiden Autoren dieses Bandes meinte nämlich, in diesem Foto einen Beweis für die größere Gleichheit der Geschlechter in Norwegen gefunden zu haben: Dokumentierte es doch, dachte er, Mann und Frau beim gemeinsamen Beerenpflücken. Tatsächlich ist jedoch die Person links im Bild eine Frau mit einer dieser tollen Kurzhaarfrisuren, wie viele Norwegerinnen sie lieben.

Das Bild lässt nicht erkennen, welche Werkzeuge die Frauen zum Pflücken verwenden: einen Beutel oder einen Eimer, die eigenen Hände oder eine dieser praktischen Pflückschaufeln mit einem gezähnten Maul, mit denen man je nach örtlichen Gegebenheiten ein Pfund oder mehr Heidelbeeren auf einmal aufnehmen kann, mit einem gewissen Anteil an Blättern und Ästchen freilich, die dann wieder auszusortieren sind. Schonender, aber auch anstrengender und zeitaufwendiger ist das Pflücken von Hand, bequemer aber der Kauf kleiner Plastikschachteln mit übergroßen Beeren, die irgendwo aus einem Treibhaus im Süden eingeflogen werden und inzwischen auch auf Spitzbergen zu haben sind.

Aufgrund der üppigen Vegetation lässt sich nicht einmal sagen, welche Beeren die Frauen auf dem Foto pflücken. Höchstwahrscheinlich handelt es sich um Blaubeeren. Die ebenfalls sehr beliebten Multebeeren gedeihen fast ausschließlich auf den wilden Flächen der nordnorwegischen Tundren.

In seiner Üppigkeit repräsentiert der Wuchs auf dem Foto vielleicht, was man im Norwegischen als *Markens Grøde* bezeichnen kann. Das ist der Titel eines Romans Knut Hamsuns, der als *Segen der Erde* ins Deutsche übersetzt wurde. Der Roman brachte Hamsun im Jahre 1920 den Nobelpreis für Literatur ein. In seiner religiös alludierenden Poetizität verfehlt der deutsche Titel die Aussage des Norwegischen, der vielleicht besser, aber unendlich steifer als »Die Fruchtbarkeit des Unlandes«, der landwirtschaftlich nicht genutzen

Flächen zu übersetzen wäre. Von denen gibt es in Norwegen viele, auch heute noch. Das Foto wurde bei Bergen, der lange größten, nunmehr nur mehr zweitgrößten Stadt des Landes, aufgenommen. Der Schauplatz ist nicht allzu weit von der Bergstation der Fløybahn entfernt, einer 850 Meter langen elektrischen Kabelbahn, die aus dem Stadtzentrum in die Berge führt. Zahlreiche Touristen benutzen diese Bahn, um die grandiose Aussicht über Land und Meer zu genießen. Und wenn die Touristen abgereist sind, pflücken die Norweger*innen dort ihre Beeren.

Lehren des Polarlichts

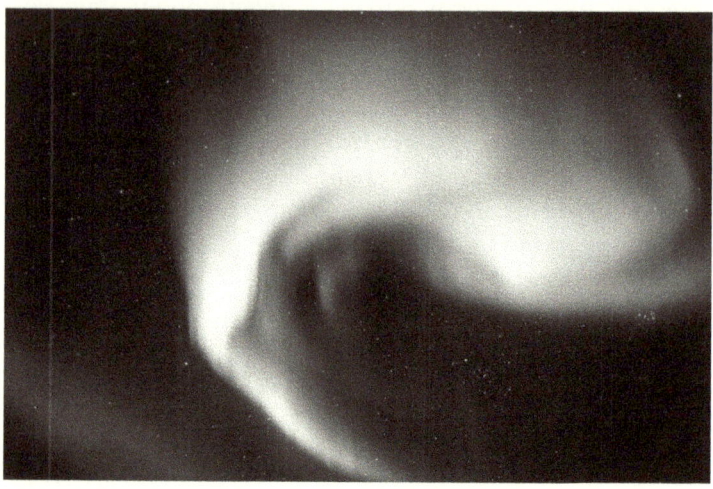

Über das Polarlicht sind unzählige Texte, Bücher und Filme entstanden, ebenso eine kaum überschaubare Anzahl an Kalendern, in denen farbenprächtige Fotografien abgebildet sind. Häufig sind dies mit Grafik-Software nachgearbeitete Aufnahmen der *Aurora Borealis*, die sich, so präsent sie sich auch zeigt, der fotografischen Momentaufnahme doch weitgehend entzieht. Im besten Fall sind es treffliche Ausschnitte, die die Kamera festhalten konnte. Das nahezu symphonische Erlebnis einer Nordlicht-Erscheinung ist aber weder in der Fotografie noch im Film in seinem ganzen Ausmaß darstellbar. Ältere Zeichnungen fassen es häufig weitaus besser als die heutzutage verbreiteten Photoshop-Maskierungen, die man zum Beispiel auf Kreuzfahrtschiffen oder in norwegischen Touristenläden finden kann.
Es gibt einige literarische Versuche der Annäherung, die dichte Atmosphären vermitteln und die Vorstellungskraft der Leserinnen und Leser auf die Probe stellen. Sucht man hingegen nach aktuellen Texten, öffnet sich im Internet eine

diffuse Ergebniswolke mit Titeln wie *Nordlicht Nächte, Zauber des Nordlichts, Die Fahrt zum Nordlicht, Nordlicht, Elch und Tannengrün* oder auch *Das Nordlicht von Döllersheim*. Schmonzetten wie *Der Gesang des Nordlichts, Eine Liebe unter dem Nordlicht* und *Die Malerin des Nordlichts* finden sich neben *Buddha bei die Fische – Yoga für Nordlichter* oder *Mythos Polarlicht* für populärwissenschaftlich Geneigte. Und das ist noch eine vergleichsweise bescheidene Auswahl im Vergleich zu den Sortimenten norwegischer Buchhandlungen, die mittlerweile ganze Abteilungen dem Polarlicht widmen. Dies spiegelt die Tatsache wider, dass der Polarlicht-Tourismus zu einem Wirtschaftsfaktor geworden ist. Tromsø und Umgebung sowie die Finnmark gelten als geographisch äußerst günstig im Polarlicht-Oval gelegen. Entsprechend reisen Forscher und Touristen aus aller Welt nach Nordnorwegen, um die faszinierenden Polarlichter zu erleben.
Kurz und nüchtern betrachtet entsteht das Polarlicht durch von der Sonne abgesonderte Teilchen, den Sonnenwind, dessen Protonen und Elektronen auf das Erdmagnetfeld treffen, wodurch elektrische Spannung entsteht. Die Teilchen werden entlang des Magnetfeldes auch zu den Polarregionen geleitet. Hier breitet sich das Magnetfeld nahezu senkrecht zur Erdoberfläche aus. In einer Höhe von über 100 Kilometern trifft der Teilchenwind auf die äußeren Schichten der Atmosphäre. Der Niederschlag der geladenen Partikel, der sich in einem Ring um die magnetischen Pole bildet – Nordlichtoval genannt – trifft beim Eintritt in die Erdatmosphäre auf umherschwirrende Gas-Moleküle, worauf diese leuchten können. Die Farbkonstellation des Polarlichts hängt hierbei von den unterschiedlichen Gasen ab, die an diesen Prozessen beteiligt sind. Auch wenn man es so – oder weitaus differenzierter – in geophysikalischer Hinsicht zu beschreiben vermag, bleibt die überwältigende, einzigartig strahlende Schönheit des Nordlichts weitgehend ein Mysterium: »Das Nordlicht ist mehr als nur Physik, denn es ist eine Art ‚Vogelfreier‘, der sich nicht wie Sterne oder

Planeten von den physikalischen Formen oder mathematischen Ketten fesseln lässt. Wo die Nordlichtwirbel über dem unendlichen Raum zwischen Naturwissenschaft und Poesie auftreten, sind immer Überraschungen möglich«, formuliert Asgeir Brekke in einer Publikation des Alta Museums.

Das Nordlicht in Zeichnung, Foto, Film
Zeichnungen und Grafiken des Polarlichts veranschaulichen es meist als sich bewegende Schleier oder Vorhänge. So haben z.B. Fritjof Nansen, Steinar Berger und Louis Bevalet zu früheren Zeiten eindrückliche Grafiken hinterlassen. Tatsächlich fassen diese durch die stärkere Ermöglichung imaginativer Momente beim Betrachter das Phänomen oft wesenhafter als die Fotografie, deren unvermeidliche Ordnung des Ausschnitts stets nur Aspekte dokumentieren kann, die aber gleichzeitig so bestimmend sind, dass die Einbildungskraft des Betrachters eher beschnitten wird. Selbst der Film schafft es nicht, auch, wenn heutzutage noch so viele Kameradrohnen das Nordlicht jagen. In Lars von Triers *Melancholia* wird in der von Wagner-Klängen unterlegten filmischen Ouvertüre eine Szene gezeigt, in der ein Pferd zusammenbricht. Im Bildhintergrund glimmt hierbei ein grünliches Nordlicht, dem aber nicht weiter in seinem Verlauf gefolgt wird. Der Zusammenhang von Bild und Ton ist stimmig, denn das Nordlicht kann eine – unter günstigen Umständen - *synästhetische* Wahrnehmung bewirken, die die Sinne verschränkt und den in der Landschaft geduldig lauernden Betrachter mit einer Lichtsymphonie belohnt, deren oft verpasster Anfangsklang rasch in eine betörende Komposition überleiten kann, in der man nicht nur die Landschaft spürt, in der man steht, sondern auch Klänge vernimmt. Wie vieles, das auf dieser Welt den Charakter des Wunderbaren aufweist, ist das Nordlicht nicht in seinem Wesen abbildbar, und jeder Versuch in dieser Richtung bleibt eine Annäherung. Die Bildwerdung der Welt hat da ihre Grenzen. Sie scheitert regelmäßig an der unbestimm-

baren Vielfalt dessen, was nicht bzw. noch nicht *Bild* ist. Auch die Virtuelle Realität kann hier nur parasitäre Oberflächen markieren, selbst in ihren technisch ausgereiftesten Simulationen. Die Nordlichter hingegen zeigen nicht nur etwas, sondern sie künden auch von Wirklichkeiten, die uns in der Regel verschlossen bleiben und doch gelegentliche Einblicke erlauben.

In Fernsehsendungen über die heute beliebte Polarlichtjagd sieht man häufig Reisende, die aus unterschiedlichen Himmelsrichtungen stammen und sich per Bustour in die Gegend um Tromsø oder Alta aufgemacht haben. Man muss heraus aus der Stadt, in die tiefere Dunkelheit. Norwegische Städte leuchten nachts durch ihre Lichtverschmutzungen wie Weihnachtsdekorationen. Mitunter warten die Nordlichtjäger stundenlang in eiskalter Witterung, um eine schwache Erscheinung am bewölkten Himmel zu sehen. Der Blick durch die Kamera erkennt das Nordlicht rascher, zumeist in einem grünlichen Ton, während das menschliche Auge am Himmel zunächst eher weißliche Formen ausmacht, die sich je nach Intensität des Teilchenstroms und dem Spiel der einbezogenen Gase farblich ändern können. Doch wenn das Polarlicht allmählich stärker wird und sich über den gesamten Himmel ausbreitet, wird das gemeinsame Erleben zu einem unvergesslichen Ereignis. Menschen aus unterschiedlichsten Kulturen und Gesellschaften erfreuen sich dann gemeinsam an einer Erscheinung, die vielleicht physikalisch erklärbar ist, jedoch etwas kaum Fassbares aufführt. Dass es *das* tatsächlich gibt, verweist auf die trotz aller Himmelserkundungen weiterhin wachsenden Mysterien, die das beforschte Universum umfasst. Eigentlich fühlt sich jede Sichtung des Nordlichts als einmalig an. Alle Kulturen haben Sinn für das, was nicht präzise bezeichnet werden kann, und im gemeinsamen Erleben des Nordlichts wird genau das erfahrbar. Von daher leistet das Polarlicht einen unschätzbaren Beitrag zur Völkerverständigung.

**Nordlicht-Literatur von
B.H. Brockes bis Schmitt & Schmidt**
Bereits in der zweiten Hälfte des 18. Jahrhunderts reimte Balthasar Heinrich Brockes, Hamburger Ratsherr und zu seiner Zeit viel gelesener Dichter:
»Unglaublich ist, was diese Norder-Fluth
Für Nutzen und für Dienst, im dunckeln Norden thut.
Da in den langen Finsternissen
Die Menschen heller noch, als wie vom Monden-Schein,
Durch dieses Luft-Gesicht, erleuchtet seyn.«
Ein heute weitaus bekannteres literarisches Zeugnis zum Polarlicht findet sich deutlich später in Gustave Flauberts *Bouvard und Pécuchet*, wo die beiden ablenkbaren und begeisterungsfähigen Hauptfiguren - wieder einmal - beeindruckt werden: »Die beiden Freunde hatten den Abbé Jeufroy nicht aus der Fassung bringen können, wie sie es vorgehabt hatten [...]. Aber sein Nordlicht gab ihnen doch zu denken; im Handbuch von d'Orbigny lasen sie darüber nach. Durch diese Hypothese will man die Ähnlichkeit der vegetabilen Fossilien der Baffin-Bai mit den Pflanzen am Äquator erklären. An Stelle der Sonne wird eine große, jetzt verschwundene Lichtquelle angenommen, als deren Rest vielleicht das Nordlicht angesehen werden kann.« Flauberts außerhalb offenkundiger Gewissheiten operierende Helden werden hier in eine der steilen Nordlicht-Hypothesen verwickelt, und angesichts der vielen ungelösten Fragen zu dieser Materie entmutigen sie sich rasch selbst. Auch wenn das Nordlicht heute astrophysikalisch erklärt werden kann, bleibt doch weitgehend schleierhaft, was es für die Erde, die Pflanzen, Menschen und Tiere bewirkt und bedeutet.
Die ausgedehnteste literarische Annäherung an das Phänomen ist immer noch das 1910 von dem damals 34jährigen Theodor Däubler fertiggestellte, in rund 33000 Versen gefasste dichterische Werk *Das Nordlicht*, dessen spurenhafte Ausschläge ebenso in Texten Arno Schmidts aufzufinden sind wie in einem Essay Carl Schmitts. 1921 erschien eine

überarbeitete Ausgabe von Däublers Versepos, die auch als *Genfer Ausgabe* bekannt ist:
»Die Erde treibt im Norden tausend blaue Feuerblüten
Und übermittelt ihren Sehnsuchtstraum der Nacht,
Drum soll der Mensch auch seinen Flammenkelch behüten,
Wenn er, durch ihn belebt und lichterfüllt, erwacht [...]
Ja! Pilger graben, wühlen sich stets mehr hinunter,
Stets tiefer in der Erdenmutter dunkles Heiligtum;
Ihr Herzschlag, ihr Gehämmerwerk, erhält sie munter:
Asketen aber sind sie zu des Urlichts Ruhm!
Auf ihrer Freiheit, ihrer Glutenkernesnähe
Beruht und tagt das ganze Dasein dieser Welt,
Sie sorgen, daß der Totgeglaubte auferstehe,
Durch sie wird jede Nacht vom Nordlichte erhellt.«
Für den jungen Carl Schmitt war das gigantische Versgedicht Däublers Anlass, *Drei Studien über die Elemente, den Geist und die Aktualität des Werkes* zu verfassen. Diese Studien sind nicht, wie der Titel nahelegen könnte, in schwergewichtigen Bänden untergebracht, sondern in einem schmalen Büchlein, das von einem originellen Stil geprägt ist. Lange vor Schmitts Verwicklungen im Dritten Reich zeigte sich hier ein Autor, der sichtlich darum bemüht war, einem ausufernden literarischen Kunstwerk auf wenig Raum mit einer möglichst ebenbürtigen Betrachtung zu begegnen. Die drei Studien sind aufgeteilt in *Historische und ästhetische Elemente, Das geistige Problem Europas* und *Die Aktualität*. Im ersten Teil führt Schmitt aus: »Im ‚Nordlicht' herrscht der romantische Deutungsdrang ganz ungebrochen und unbefangen. Insbesondere die Ellipse ist Gegenstand zahlreicher Reflexionen und Demonstrationen. Ihre Form kommt sogar in dem Aufbau des Werkes häufig zur Geltung.«
Die Erde bewegt sich in Däublers Werk elliptisch zum Norden hin. Im Grunde ringt die dichterische Vision um die *Neue Erde*, in der das Nordlicht für den Geist steht, der sie ermöglicht, wie Schmitt herausstellt. Im dritten Teil der Schrift liest er Däublers Werk auch als Zivilisationskritik:

»Der Erfolg des ungeheuren materiellen Reichtums, der sich aus der allgemeinen Mittelbarkeit und Berechenbarkeit ergab, war merkwürdig. Die Menschen sind arme Teufel geworden; ‚sie wissen alles und glauben nichts'. [...] Für den, der ihre verheerende Macht erkennt, scheint die Erde zur knirschenden Maschine geworden.« Der düstere Geist des mechanistischen Zeitalters kann durch die Bewegung des Nordlichts erhellt werden. Damit beinhalte Däublers Werk Diagnosen für die Zukunft, wie Falck-Ytter ergänzt: »Das Gewahrwerden des Polarlichts im Dunkel des Erdenplaneten bedeutete für Däubler das Zeichen eines Weges, den die Menschheit auf der Erde gehen wird. Durch das Eindringen in die Kulturperioden hatte er erkannt, dass der Menschheitsweg langsam nach Norden führt.«
Auch in Arno Schmidts Werk finden sich einige Stellen, die Däublers *Nordlicht* offen oder verborgen zitieren. Einige sind in *Zettels Traum* eingefügt und in *Die Schule der Atheisten* räsoniert der Friedensrichter William T. Kolderup zu Beginn der *Novellen-Comödie* über den Gebrauch des Adverbs *doch* im Werk Däublers: »(,doch schweift der Sinn zu sonderbaren Dingen', DÄUBLER, ‚Nordlicht i=80./o - Seltsam, (auch noch ununtersucht), diese Rolle des ‚doch' bei D.!: von den rund 1250 Seitn des ‚Nordlicht', ist ja kaum 1, auf der nicht 2=3 Zeilen mit diesem ‚doch' begännen !; (und manchmal sind's 4, und innerhalb d Zeilen nochmal, (wenn's das Maß verlangt, als ‚jedoch' camouflirt))./ Ganz irrationale Fixierung des Mannes!« Ulrich Klappstein kommt in seiner Arbeit über die Däubler-Bezüge in Arno Schmidts Werk zu dem Schluss: »Schmidts Beschäftigung mit Däubler schon in den frühen 1930er Jahren, seine hierauf beruhende profunde Kenntnis der Genfer Ausgabe des *Nordlichts* und wohl auch der in der *Menschheitsdämmerung* enthaltenen Gedichte Däublers waren die Ausgangsbasis für eine lebenslange Däubler-Rezeption [...].«
Schmidt hatte Anfang 1938 im schlesischen Lauban ein Nordlicht gesehen, an seinen Jugendfreund Heinz Jerofsky

schrieb er daraufhin: »Hast Du am 24. Jan. das grosse Nordlicht beobachten können? War eine Lust, sage ich Dir!« (Zitat aus *Wu Hi?*).

Während seiner Zeit als Soldat zwischen 1942 und 1945 während der deutschen Besatzung Norwegens wird der Autor in Øveraasjøen am Romsdalenfjord Gelegenheit zu ähnlichen Sichtungen gehabt haben.

Trotz aller literarischen Bemühungen bleibt es unmöglich, für das Nordlicht die zutreffendste Metapher zu ersinnen. Es ist nicht zu fassen, es ist nicht medial darstellbar; und die vielen bereits gespeicherten Bilder driften bei tieferer Betrachtung am Ereignis vorbei. Das Numinose des Nordlichts ist gleichzeitig Chiffre und Ereignis. Theodor Däubler gehörte nicht zu der heutzutage stetig anwachsenden Masse der Glücklichen, die das Polarlicht erlebt haben. Er hatte sein Werk komplett aus der inneren Empfindung und Imagination heraus verfasst. Wenn man es erlebt hat, können Fotos, auf denen Ausschnitte des Ereignisses gebannt sind, Spuren zeitigen, die manche Lehren des Polarlichts bahnen.

Norwegische Literatur

Norwegen hat eine überaus vielfältige, mutige und tiefgründige Literatur sowie eine schier unübersichtliche Anzahl an Autorinnen und Autoren in den unterschiedlichen literarischen Genres hervorgebracht. In Deutschland sind Namen wie Henrik Ibsen, Bjørnstjerne Bjørnson, Knut Hamsun, Sigrid Undset und Tarjei Vesaas zumindest einem literarisch interessierten Publikum bekannt, doch die norwegische Literatur weist insbesondere, was die zeitgenössischen Autorinnen und Autoren betrifft, ein beeindruckendes Spektrum auf. In der ein oder anderen Art und Weise kam dabei niemand, der in den letzten Jahrzehnten in Norwegen schriftstellerisch tätig war, am Erbe des ebenso wegweisenden wie umstrittenen Knut Hamsun vorbei. Warum? Weil er die literarische Moderne nicht nur nach Norwegen brachte, sondern sie auch für die Weltliteratur erweitert hatte.

Mysterien norwegischer Urbanität

Mancher Leser, der sich durch das Buch gefressen hat, wird sich fragen, warum Hamsuns Roman *Mysterien* diesen Titel führt. Denn mit Geheimnissen beschäftigt sich der Text kaum. Zwar versucht Nagel, der Protagonist des Romans aus dem Clan der Anti-Helden, sich zum geheimnisvollen Fremden in einer kleinen Stadt irgendwo an der norwegischen Küste zu stilisieren, doch erhalten Leserinnen und Leser durch die Erzählerinstanz, aus dem Clan der unzuverlässigen Erzähler, genügend Informationen, um ihn unglaubwürdig erscheinen zu lassen. Ein Spiel mit den Ambitionen einer literarischen Figur, die gleich eingangs als »Scharlatan« bezeichnet und so gleichzeitig konstruiert und dekonstruiert wird? Letzterer Aspekt fehlte noch, als Hamsun 1877 seinen ersten kleinen Roman, tatsächlich eher eine Erzählung, *Den Gaadefulde* nannte: Der Geheimnisvolle. Das Thema hat ihn von den Anfängen seiner literarischen Karriere an

beschäftigt. Man darf wohl sagen: wie kaum ein anderes. Meint Mysterien einfach Nagels Geheimnisse? Oder die des unzuverlässigen Erzählers? Der Text enthält Hinweise auf antike Mysterien, und ernste Hamsun-Forscher werden vor allem dieser Spur nachgehen. Dass eine Untersuchung dieser Hinweise mehr austrüge als die der Hinweise auf die antike Mythologie in Hamsuns *Pan*-Roman, ist bislang noch nicht abzusehen. Mit dieser Mythologisierung gelang es dem aus kleinen Verhältnissen stammenden und in einer abgelegenen Landschaft aufgewachsenen Autor, der nie die Gnade einer formalen Bildung genossen, aber sich in seinen aufnahmefähigsten Jahren durch die Leihbücherei seines Onkels gelesen hatte, seine kaum auch nur als Halbbildung zu denunzierenden Kenntnisse vor seinen Lesern zu verbergen, indem er erfolgreich den Eindruck erweckte, ihre gebildete Sprache zu sprechen: Pan, Mysterien usw.
Gewiss ist die Auseinandersetzung mit dem Hamsun verhassten Konstrukt des Nervenhelden eine Dimension des Texts. Indessen handelt es sich bei dem Titel auch um eine Genre-Charakteristik. Denn die Zahl der Bücher, deren Titel das Wort *Mysterien* enthielt, ohne auf die Antike zu referieren, war in der zweiten Hälfte des 19. Jahrhunderts enorm. Èugene Sues *Les mystères de Paris,* als einer der ersten Fortsetzungsromane überhaupt in den Jahren 1842/43 in einer französischen Tageszeitung erschienen, steht am Anfang eines wahren Kometenschweifs von Texten, in denen Städte wie Berlin, aber auch wie das sächsische Altenburg, das slowenische Laibach oder das norwegische Trondheim ihre Unterwelten entdeckten – von England, Russland und den USA ganz zu schweigen. Der Pauperismus, die Massenverarmung und Massenarmut des Vormärz, hatte in ganz Europa eine große Verelendung der Bevölkerung verursacht, die für die Betroffenen zur Überlebensfrage wurde. Viele versuchten auszuwandern, andere fanden in den größeren Städten bescheidenste Subsistenzmöglichkeiten durch Gelegenheitsarbeit, Bettelei, Prostitution und

andere rasch kriminalisierte Strategien; traditionelle, mehr ländliche Solidarstrukturen wie die Familie oder die Nachbarschaft wurden durch klein- und gelegenheitskriminelle Peer Groups und durch Bandenbildung ersetzt.
Friedrich Engels hat das großartig, nämlich in der ihm eigenen Mischung von Sachlichkeit und Polemik, in seinem 1845 erschienenen Buch über *Die Lage der arbeitenden Klasse in England* mit dem Untertitel *Nach eigner Anschauung und authentischen Quellen* beschrieben.
Sues Zugang zum gleichen Phänomen war ungleich reißerischer. Sein literarisches Vorbild waren angeblich die seinerzeit sehr erfolgreichen Trapper- und Indianerromane des amerikanischen Autors James Fenimore Cooper: »Wir wollen versuchen, dem Leser einige Episoden aus dem Leben anderer Barbaren darzustellen, die ebenso außerhalb der Zivilisation stehen wie die von Cooper so hervorragend geschilderten wilden Völker. Nur leben diese Barbaren, von denen wir sprechen, mitten unter uns; wir können ihnen begegnen, wenn wir uns in ihre Schlupfwinkel wagen, in denen sie hausen und wo sie sich versammeln, um über Raub und Mord zu beraten, um schließlich die Hinterlassenschaft ihrer Opfer zu teilen«.
Mit einem Ernst, an dem es Hamsun später gebrechen sollte, hat Sue, ein studierter Arzt, dieses Programm umgesetzt und ein wahres Pandämonium geschaffen. Er ist der eigentliche Entdecker von Unterwelt, und sein Einfluss auf diesen Diskurs wird schlaglichtartig durch den Umstand beleuchtet, dass Angehörige dieses Milieus bis weit in das 20. Jahrhundert hinein als *Apachen* bezeichnet werden konnten, wie die Angehörigen des gleichnamigen Indianerstamms. Sein literarischer Einfluss ist, keineswegs nur durch die Kopien verbürgt, wohl noch ungleich größer; die *Mystères* sind kein Kriminalroman, doch wurde der Titel im Amerikanischen zu einer Genrebezeichnung: Die kargen, lakonisch-rationalen Detektiv-Geschichten eines Edgar Allan Poe wurden mit ausufernden Milieustudien zu den Kriminalromanen

aufgeputscht, wie wir sie heute kennen. Getragen wird dies bei Sue von einem ausgesprochen trivialen Handlungsgerüst: Als Apache verkleidet, sucht ein deutscher Aristokrat im Pariser Milieu seine verschollene Tochter, etwa 1800 Seiten lang in einem narrativen Labyrinth, das sehr viel undurchschaubarer erscheint als die Pariser Unterwelt.
Hamsun hat – neben dem Titel! – eine Spur hinterlassen. Wie in Sues *Geheimnissen von Paris* tritt auch in seinem *Mysterier* gleich zu Beginn ein Kohlenträger auf und in ein näheres Verhältnis zur Hauptfigur. Zufall kann das nicht sein, wenn man die äußerst geringe Präsenz von Kohlenträgern in den westlichen Literaturen berücksichtigt. Bleibt die Frage nach dem Warum. Neben einer allgemeinen Lust an literarischen Versteckspielen, dem Legen von Spuren, die nirgendwo hinführen, der Dekonstruktion des eigenen Romans als einer Trivialliteratur und, dem einhergehend, der Erinnerung an die sorgfältig verborgenen Anfänge in diesem Genre.
Die norwegischen Küstenstädte waren vergleichsweise kleine Ortschaften, in denen der Bürgermeister leicht seinen Hut vom einen Ende zum anderen hätte werfen können. Als Hafenstädte partizipierten sie indessen am entstehenden Welthandel und Weltverkehr; in der zweiten Hälfte des 19. Jahrhunderts verfügte das kleine Norwegen über eine der größten Handelsflotten der Welt. So hatten die norwegischen Seeleute ein Stück von der Welt gesehen, wenn sie in ihre Heimatorte zurückkehrten. Sie waren Fremde und gleichzeitig Einheimische.
Hierdurch unterschieden sich die norwegischen Küstenorte, wie Hamsun sie so gerne schilderte, von west- oder mitteleuropäischen Städtchen gleicher Größe, die ihren Handel und Wandel in einem überschaubaren Umkreis konzentriert hatten, und wo man allenfalls in die eigene Territorialhauptstadt gereist war, sehr stark. Derartige weltabgewandte Kleinstädte waren in der europäischen Literatur des 19. Jahrhunderts untrennbar mit einer humoristisch-realistischen

Erzählform verbunden, wie z.B. in Wilhelm Raabes *Abu Telfan oder die Heimkehr vom Mondgebirge*.
Diese Bindung zerbrach Hamsun, indem er seine kleine Stadt im Spiel der Anspielungen in den Diskurs der großstädtischen Literatur stellte. Der Titel *Mysterier* ist der literarische Trick, mit dem ihm die Erzeugung solcher Urbanität gelingt. Wie angedeutet, traf er damit die Wirklichkeit dieser kleinen Küstenorte, ihre spezifische Weltabgelegenheit, die nur bis zum Eintreffen des nächsten Schiffs galt, besser, als dies eine Orientierung an europäischen Formen der Gestaltung von Kleinstädten und kleinstädtischen Lebens vermocht hätte.

Post Hamsun
Tarjei Vesaas Roman *Fuglane* (dt. *Die Vögel*) von 1957 wurde 2020 für den Berliner Guggolz-Verlag neu übersetzt und erreichte bis 2022 eine fünfte Auflage. Der Außenseiter Mattis lebt mit seiner Schwester Hege in einem ärmlichen Haus an einem norwegischen See in ländlicher Gegend. Er wird von den anderen Dorfbewohnern als »Dussel« bezeichnet und hat sich fast völlig in seine innere Welt zurückgezogen. Seine Schwester hält ihn aus mit ihren Strickarbeiten. Er selbst ist nicht fähig, eine Arbeit durchzuhalten, doch er hat andere Fähigkeiten. Er achtet besonders auf die Waldschnepfen, zu denen er eine innige Verbindung spürt. Ihren Balzflug nimmt er als rätselhafte Zeichen wahr, die er nicht entschlüsseln kann, die ihm aber etwas mitteilen. Er versucht, am normalen Leben teilzunehmen und mit seinem morschen Boot als Fährmann zu arbeiten. Als einziger Kunde taucht eines Tages der Holzfäller Jørgen auf. Ihn rudert Mattis auf die gegenüberliegende Seite, er nimmt ihn mit ins Haus, und der Gast bleibt länger. Hege und Jørgen verlieben sich, und die neue Situation, in der er befürchtet, seine Schwester zu verlieren, wirft Mattis völlig aus der Bahn. Es stellt sich für ihn eine unlösbare Aufgabe dar, bei der er sich den Kräften der Natur überlässt. Das Szenario,

das von Hamsuns Atmosphären durchtränkt ist, erzeugt eine plastische Bilderwelt, und die eindrücklichen Dialoge der Figuren Vesaas' entfalten eine ergreifende Dramatik. Auch Vesaas poetisch-minimalistischer Roman *Is-Slottet* (dt. *Das Eis-Schloss*) von 1967 erregte internationale Beachtung und wurde Ende der achtziger Jahre verfilmt.

Die Postmoderne brachte in Norwegens Literatur zahlreiche experimentelle Ansätze hervor, Jan Kjærstads Roman *RAND* bewegt sich im riskanten Spiel zwischen Fiktion und Gegenwartsbeobachtung, vermischt Gattungen und Lesarten und durchdringt das Labyrinth der Großstadt, das der Verzweigung eines Gehirns ähnelt. Dieser konstruktivistisch angelegte Oslo-Roman, der in Norwegen 1990 erschien, dreht sich um einen Ich-Erzähler, der sechs Morde begangen hat und nach diesen Taten als ermittelnder IT-Experte der Polizei unterwegs ist. Das seit den Neunzigern entstehende neue Oslo, das Jahrzehnte später mit der heutigen Barcode-Skyline vollenden wird, dient Kjærstad als ruhelose Kulisse einer Erzählung der sich verschiebenden Szenerien. Entschleunigung wird erreicht, wenn der erratische Erzähler sich vom Hypertext und den Bildschirmen abwendet: »Die Stadt leuchtet wie ein riesenhaftes elektronisches Panel unter uns. Ich sitze im Liegestuhl, meinen zweiten Longdrink in der Hand. Ich sehe hinaus. Oslo wirkt seltsam doppelbödig, als könne das Drehen an einem Knopf (oder ein Wechsel des Stuhls) das Bild zwischen … ich hätte beinahe gesagt, Paradies und Hölle hin- und herspringen lassen.«
Das Hauptwerk von Karl Ove Knausgård ist bekanntlich ziemlich ausgreifend. Die sechs Bände von *Min Kamp*, die in Deutschland Band für Band mit substantivierten Verben existenzieller Themen und damit mit weitaus weniger verfänglichen Titeln ausgestattet wurden, bringen es insgesamt auf über 4000 Seiten. Knausgårds Bücher sind voller Dialoge und pflegen eine penible Darstellung des Alltags.

Es handelt sich überwiegend um autobiographische Bücher, wobei die Doppelrolle von Autor und literarischer Figur in allen Bänden des Min-Kamp-Projekts gnadenlos ausgereizt wird. Der beispiellose Hype um diesen Autor ist sicherlich dem Umstand geschuldet, dass eigentlich jeder in diesen Büchern etwas finden kann, das an das eigene Leben erinnert. In *Min Kamp 2* (dt. *Lieben*) ist die Gegenüberstellung der beiden skandinavischen Länder Norwegen und Schweden ein wichtiger Nebenschauplatz. Knausgård weist genüsslich auf fundamentale Unterschiede hin, auch mithilfe seiner schwedischen Gattin Linda, die ebenfalls Schriftstellerin ist. Der Autor stellt sich selbst mit allen erdenklichen Fehlern und Unzulänglichkeiten dar und nimmt dabei das niemals souveräne Erzähler-Ich mit nahezu masochistischer Lust auseinander, was leicht an Marcel Prousts narrative Instanz der *Recherche* erinnert. Die Konfliktlagen einer Beziehung von zwei schreibenden Menschen, die täglich um Freiräume und um ihr Liebesglück ringen, werden im Spannungsfeld widerstreitender Lebensentwürfe erzählt, die die auseinanderstrebenden familiären und künstlerischen Perspektiven umkreisen. Das gelingt Knausgård mit einigem Humor und norwegischem Sarkasmus, der sich vom britischen dadurch unterscheidet, dass er nur selten in einen gehässigen Zynismus abrutscht. Und der versierte Beobachter bringt z.B. die Unterschiede der beiden skandinavischen Länder auf den kulturellen Punkt: »Mit der Hochkultur ist es das Gleiche. In Norwegen wird sie heruntergespielt, eigentlich darf es sie nicht geben – elitäre Kultur darf es im Grunde überhaupt nicht geben, wenn sie nicht gleichzeitig volkstümlich ist. In Schweden wird sie hervorgehoben. Das Volkstümliche und das Elitäre sind hier unvereinbare Größen. Das eine soll *da* sein, das andere soll *da* sein, ein Austausch zwischen beiden ist nicht vorgesehen.«
Min Kamp 4 (dt. *Leben*) ist ein unterhaltsames und humorvolles Buch mit den zentralen Themen Frauen, Musik, Trinken, Fußball und Lehrerdasein sowie die brilliant

verfolgte Entwicklung eines Jugendlichen zum Erwachsenen mit all den Katastrophen, die dabei durchlebt werden müssen. Knausgårds Coming of Age-Roman spielt überwiegend in Nordnorwegen und beobachtet kulturelle Unterschiede im eigenen Land. Der im Süden Norwegens aufgewachsene Autor muss sich in Nordnorwegen, wo er nach dem Abitur als Hilfslehrer tätig wird, an vieles erst gewöhnen, z.B., dass man von den Schülern unangemeldet besucht wird, dass Türen nicht abgeschlossen werden und in kleinen Orten wie dem im Text fiktiv benannten *Håfjord* mit seinen rund 250 Seelen jeder von jedem alles weiß und nahezu nichts unbeobachtet geschieht. Der Ort befindet sich im nördlichen Teil der Insel *Senja*, der zweitgrößten Insel Norwegens und heißt eigentlich *Fjorgård*, ein Dorf im Polarzirkel, mit Dunkelzeit im Winter und Mitternachtssonne im Sommer. Seine Ankunft schildert Knausgård wie folgt: »Nicht ein Mensch war zu sehen, nicht ein Haus. Aber ich war nicht gekommen, um neue Menschen kennenzulernen, ich war gekommen, um Ruhe beim Schreiben zu finden. Beim Gedanken daran durchfuhr mich Freude. Ich war auf dem Weg, ich war auf dem Weg.« Darüber war sich der Achtzehnjährige anscheinend bereits im Klaren, und im Laufe des Buches erfährt der Leser viel über seine Exzesse vor und nach dem Abitur, über eine wilde Jugend in bürgerlichen Verhältnissen und eine Familie, die sich in Auflösung befand. Karl-Ove kann alle Facetten männlicher Dummheiten haarklein nachvollziehen und sprachlich süffig vorführen. Die Topographie Nordnorwegens, die spektakuläre und herausfordernde Landschaft, dient dem Autor als Gegenentwurf zum sozial komplizierteren Südnorwegen. In diesem Buch steckt ein Heimatroman über Nordnorwegen mit subtilen Beschreibungen, doch es findet auch eine Auseinandersetzung mit den Möglichkeiten der Literatur statt. Die Debatte um »fiktionales« versus »authentisches« Schreiben, die Knausgårds Bücher international neu entfacht hatte, kommt jedoch nicht an der grundsätzlichen

Inszenierung von Wahrnehmung und Erinnerung vorbei: *Realness* ist in Knausgårds Büchern geschickt konstruiert und eine entscheidende Ursache für die Sogwirkung seiner Romane. *Min Kamp 5* (dt. *Träumen*) schließt an die Nordnorwegen-Erfahrungen an und ist von einer zeitgenössischen Sturm-und-Drang-Haltung gekennzeichnet, die den Weg des zunächst erfolglosen jungen Autors nach seiner Aufnahme in die Bergenser Schreibakademie, für die er ein Stipendium erhalten hatte, nachzeichnet. Das Buch ist voller literarischer, philosophischer und musikalischer Referenzen und spart auch nicht mit detailreichen Schilderungen wilder Besäufnisse. Seine radikale Selbstentblößung zwischen 1988 und 2002 ist trotz des wuchtigen Umfangs kurzweilig und an vielen Stellen überraschend, und wer die achtziger Jahre und ihren ungebremsten Hedonismus im westlichen Europa erlebt hat, kann gut nachvollziehen, wie eng Selbstzweifel und Übermut, Glück und Glas beieinander standen. Doch egal, wie berauscht die Teilnehmer der vielen beschriebenen Partys auch gewesen sein mögen: Am Wohnungseingang waren sie doch noch immer in der Lage, die Jacke aufzuhängen und brav die Schuhe auszuziehen – man feierte eben in Norwegen!

Die Verhältnisse in der neu gegründeten Schreibakademie werden minutiös nachgezeichnet, Aufregung überall – auch die Dozenten Hovland und Fosse müssen sich erst einmal in den Lehrberuf einfinden. Jon Fosse ist auch in Deutschland kein Unbekannter. Seine fugenartigen, sprachlich stark reduzierten Texte bedienen die deutsche Sehnsucht nach einem archaischen Norwegen-Idyll, wie z.B. in der Novelle *Das ist Alise*. Ein extremer Gegensatz zum Ansatz eines Knausgård, dem die Beobachtung einer Kaffeemaschine wichtiger sein kann als ein postmodernes Sprachexperiment. Wer es noch norwegischer haben möchte, kann sich an den zahlreichen Stellen, in denen Waffeln zubereitet oder konsumiert werden, erfreuen. Bei aller Härte und Wildheit mancher Szenen gibt es diese sich wiederholenden Begebenheiten selbstverständlicher Behaglichkeit, die zeichenhaft auf die gemeinsam geteilte Kultur und ihre Rituale verweisen, bis hin zum Betrinken am norwegischen Nationalfeiertag, dem 17. Mai.

Knausgårds Methode funktioniert effektiv, die autobiographische Ebene seines Schreibens als eine Art Container zu entwerfen, in dem sich viele andere Behälter befinden, die er während seiner Textwucherungen mit unterschiedlichen Elementen befüllen oder entleeren kann. Die Verschachtelungen sorgen für den Zusammenhalt seines ausufernden Projektes, das mit *Min Kamp 6* (dt. *Kämpfen*) furious endet, das zwischen detaillierten Alltagsbeschreibungen und philosophischen Exkursen oszilliert. An vielen Stellen wechselt der Text nahezu übergangslos ins Essayistische. Nach einer ausgiebigen Passage zu Paul Celans Gedicht *Engführung* geht Knausgård zu Hitlers *Mein Kampf* über, was im Rahmen der Hexalogie schlüssig ist: »Hitlers Mein Kampf ist das einzige absolute Tabu in der Literatur. [...] Es ist ein Symbol für das Böse im Menschen.« Nach *Min Kamp* hat Knausgård, der auch Kunstgeschichte studiert hat, u.a. ein Buch über den Künstler Edgar Munch publiziert und eine Ausstellung mit dessen Werken kuratiert.

Ein Autor, der von Knausgård in verschiedenen Büchern zitiert und wegen seiner persönlichen und ästhetischen Haltung wertgeschätzt wird, ist Tomas Espeland. Während Espeland seiner Heimatstadt Bergen mit Unterbrechungen in Kopenhagen und Oslo weitgehend treu geblieben ist, wechselte Knausgård, der heute in London lebt, häufiger seinen Lebensmittelpunkt. Beide gehören bzw. gehörten in der ein oder anderen Weise der Bergenser Literaturszene an, die bereits nach dem Zweiten Weltkrieg mit Autoren wie z.B. Agnar Mykle für Furore sorgte. Gemeinsam mit Jens Bjørneboe und Tor Ulven gilt Mykle bis heute als einer der »Skandalautoren«, die im Nachkriegsnorwegen verpönte Themen aufgriffen und Ränder und Grenzen der norwegischen Gesellschaft thematisierten.

Bjørnebue, Ulven, Mykle und die Folgenden

Jens Bjørnebues *Jonas* ist ein beeindruckendes Buch, das Mitte der fünfziger Jahre des 20. Jahrhunderts eine heftige, polarisierte Debatte in Norwegen auslöste und auch über die Landesgrenzen hinaus bekannt wurde. Auch formal ist es ein besonderes Werk: Alltagsbeobachtungen wechseln sich mit mythologischen Erzählungen ab, Träume werden mit journalistischen Artikeln gekreuzt, kindliche Fantasien und zwei Jugendbiografien dehnen den erzählerischen Horizont aus. Visionär ist das Buch über Freiheitsgrade in der Erziehung bis heute geblieben, insbesondere, wenn man die gegenwärtige Verfassung des europäischen Bildungssystems. Jonas kann in der zweiten Klasse noch nicht lesen und soll deshalb auf eine Sonderschule, die umgangssprachlich »Iddioten« genannt wird. Durch glückliche Zufälle und Menschen, die sich seiner annehmen, wendet sich das Blatt für ihn, doch er befindet sich weiterhin in einem Schuldrama, in dem es ständig zu tragischen Ereignissen kommt. Bjørnebue trägt die Geschichte mit einigem Furor vor, und auch wenn wir in der heutigen Schullandschaft z.B. Inklusion zum Teil realisiert haben, sind wir doch von einer freiheitlichen Erziehung weit entfernt. Im einzigen Text, mit dem der Autor in die Debatte um sein Buch eingriff, führte er aus: »In einem modernen Staat mit all dem Machtwillen, der von ihm ausstrahlt, wird das Schulwesen, das Teil des Geisteslebens ist, äußerst leicht umgeformt zu einem Machtmittel im politischen Kampf. Das Schulwesen wird zum Ausdruck für die Kulturpolitik und das Menschenbild der herrschenden Kreise. Nicht der Mensch, der Schüler bildet das Maß für den Unterricht, sondern das Bestreben, den Schüler zur Ideologie des Staates zu erziehen.« Bjørnebue ging es aber nicht darum, sich selbst stilisierend als »engagierter Dichter« zu inszenieren - einer Zuschreibung, die ihm die Literaturwissenschaft verpasste; vielmehr machte er deutlich: »Ich bin gegen meinen Willen ein ‚engagierter Dichter' geworden [...]«. Seine ab Ende der sechziger Jahre in drei Bänden verfasste *Geschichte der Bestialität* (*Der Augenblick der Freiheit*, *Der Pulverturm* und *Die Stille*) erweist ihn als einen Autor, dessen Beschäftigung mit dem Bösen ins Zentrum existenzieller und sozialer Problemlagen führte, die ihn tragischerweise letztlich übermannte.

Tor Ulven, übersetzt *Tor der Wolf*, das Suffix am Ende des Nachnamens ist der bestimmte Artikel, könnte der Name eines Helden der ins Unkraut schießenden norwegischen Kriminalliteratur sein, ein nicht nur klang-, sondern auch bedeutungsvoller Name wie der des altnordisch konnotierten *Varg Veum*, seit 1977 in inzwischen 19 Romanen Gunnar Staalesens einsamer Werwolf-Held und mittlerweile mit einer eigenen Statue in Bergen ausgezeichnet.

So weit hat es der 1953 geborene Lyriker und Prosa-Autor Tor Ulven, der zuletzt auch den Roman *Avløsning* (dt. *Ablösung*) veröffentlichte, nie gebracht. Extrem zurückhaltend, vielleicht menschenscheu und kontaktarm, verließ er das Haus der Familie bis zu seinem Selbstmord im Jahre 1995 nur selten. Allerdings haben neuere Forschungen auch gezeigt, dass er in der norwegischen Literaturszene und Verlagswelt als Briefschreiber durchaus vernetzt war. Die Forschung bestätigt damit eine Selbst-Entmystifizierung, die der Autor in seinem einzigen Interview mit dem bezeichnenden Titel »Gegengift« geleistet hatte. Dort entsteht das Bild eines schüchternen Pragmatikers; tatsächlich hatte der Mann zunächst den Beruf des Kranführers erlernt. Sein wichtigster Nachruhm ist wohl seine Funktion als Vorbild und Anreger für zahlreiche Autoren nach seiner Zeit. Ulven ist auch als Prosaautor Lyriker geblieben. Dafür spricht nicht nur die hohe Präzision seiner klangvollen Sprache, die in einem deutlichen Kontrast zu dem vermittelten Eindruck von Leere und Pessimismus steht: »Nichts Menschliches, nur eine schlaffe Decke. Mit Ausnahme der Tatsache, dass die gegenwärtig von dir befühlte Betthälfte entgegen aller Gewohnheit in ungemachtem Zustand verlassen wurde, registriert deine Hand nichts von Interesse. Du musst die Augen zusammenkneifen beim Einschalten der Leselampe überm Bett, doch mit beißendem, flackerndem Blick gelangst du lediglich zu der Feststellung, dass deine Hände bereits gesehen, was deine Augen jetzt bestätigen: eine leere, ungemachte Betthälfte.« Geradezu mikroskopisch zu nennen ist auch die Präzision seiner detaillierten Beschreibungen, die alltäglichen Prozessen oder Dingen wie dem abendlichen Aufknöpfen eines Herrenoberhemdes gewidmet sind. In einem literarischen Verfahren, das man als einen auf die Spitze getriebenen Realismus bezeichnen könnte, wird es möglich, 15 Figuren, genauer deren jeweiliges Bewusstsein auszuloten. In ausgesprochen handlungsarmen Text-Episoden scheinen sie alle einer Lieblingsbeschäftigung nachzugehen: dem Warten auf Godot.

Norwegen wäre nicht Norwegen, wenn der Kriminalroman Tor Ulven nicht eingeholt hätte. Karin Fossum, Autorin anspruchsvoller Krimis, die Ulvens Generationskohorte angehört und einst als Lyrikerin debütiert hatte, stellte ihrem 1998 erschienenen Roman *Djevelen holder Lyset* (übersetzt etwa: Der Teufel hält das Licht/ den Leuchter) ein längeres Zitat Ulvens als eine Art Motto voran. Wer sorgfältig liest, erkennt vielleicht, dass dieser Paratext den Text Fossums durchaus strukturiert; es handelt sich also keineswegs um eine Art Applikation oder um ein Ornament, um den Krimi gebildeten Lesern anzubiedern, die in Norwegen ohnehin kein Problem mit U-Literatur haben. Deutlicher lässt sich die Reichweite Ulvens, von dem nicht bekannt ist, ob er Kriminalromane las, nicht demonstrieren.

Agnar Mykles 1956 erschienener Roman ist eine in die Jahre gekommene literarische Legende. Dies verdankt er zum einen dem Umstand, dass es sich um einen Schlüsselroman handelt. Zahlreiche Figuren sollen bekannte Persönlichkeiten der norwegischen und insbesondere der Bergenser Gesellschaft und der kulturellen Szene dort charakterisieren. Das Problem dabei ist natürlich, dass es heutigen Leserinnen und Lesern, auch norwegischen, gar nicht mehr möglich ist, diese Vorlagen zu identifizieren. Die historische Distanz ist inzwischen ungleich größer als die seinerzeit synchrone zwischen Persönlichkeiten und ihren Abbildern im Text, die inzwischen zu einem reinen Nachschlageswissen geschrumpft ist.

Mehr noch trug zur Legendenbildung vielleicht der Umstand bei, dass der Roman als pornographisch galt und verboten war. In jenen Jahren erschienen mit Nabokovs *Lolita* und Henry Millers *Quite Days in Clichy* Texte auf dem internationalen Buchmarkt, die heute einen Ruf als selten gelesene literarische Klassiker des pornographischen Genres genießen. Da mochte die international hellhörige norwegische Literatur nicht beiseitestehen.

Autoren wie Jens Bjørnebue und Agnar Mykle genossen die Unterstützung des Gyldendal-Verlags, der ihre Werke druckte. Sie stießen auf den erbitterten Widerstand einer selbstgefälligen und selbstgerechten, habituell extrem konservativen Justiz, die sich, angeführt durch den Riksadvokat, den obersten Strafverfolger des Landes, provoziert fühlte und also aufnahm, was sie für einen Fehdehandschuh hielt. Aufgeschreckt durch teils schrill linke oder, wie man in Deutschland gern sagt, linksextreme Äußerungen der Autoren, die oft aus genauso konservativen Elternhäusern stammten wie die Staatsjuristen, sahen Letztere ihr eingebildetes Monopol in Gefahr, in letzter Instanz darüber zu entscheiden, was richtig und was falsch ist. Tatsächlich ist in einer demokratischen Gesellschaft die Justiz keine oberste Instanz, sondern ein Spieler in einem Ensemble, das die Regeln ausspielt, in denen sich gesellschaftliche Verkehrsformen autopoietisch entwickeln und schließlich durchsetzen. Die Strafverfolger mussten lernen, dass sie nicht die Justiz waren, sondern nur ein Teil derselben. In diesen Jahren – und damit früh im europäischen Kontext - zerbrach der klandestine Konsens, dass Richter zu exekutieren hätten, was Staatsanwälte forderten. In einem langen Prozess freilich, wie eine ganze Reihe von Fehlurteilen bis in unsere Zeit zeigt. Das Verfahren gegen Mykle steht dafür als Exempel: Der Autor und sein Verleger wurden in erster Instanz verurteilt, vom höchsten Gericht aber, das Meinungsfreiheit und die Freiheit der Kunst höher einschätzte als die Behäbigkeit der Strafverfolger, freigesprochen. Ohne Zweifel zahlten Autoren wie Bjørnebue und Mykle einen hohen Preis für ihren zivilen Mut, der eine sogar mit seinem Leben. Aber auch Mykles Schreiben war nach dem Prozess anders und wirkte seitdem merkwürdig gebrochen. Lesenswert ist der Roman immer noch, weniger als Bildungsroman und mehr als eine intensive und auch witzige Schilderung der norwegischen Gesellschaft der Zwischenkriegszeit, die in einiger Breite und in sehr zahlreichen Aspekten erfasst wird. Dafür wenigstens ein Beispiel: »Ask mußte plötzlich an einen Studienrat denken, den er im Gymnasium in Deutsch gehabt hatte. Dieser Studienrat verbreitete stillen Schrecken und ungeteilte Bewunderung um sich. Er lächelte nie, beherrschte aber sein Fach bis zur Vollkommenheit. Ask hatte es ihm zu verdanken, dass er selbst Deutsch schrieb und sprach wie ein Deutscher. Wie sie ihn gehaßt hatten! Und wie einsam, bitterlich einsam dieser Studienrat gewesen war! Jede

Leistung von Wert, dachte Ask verwundert, entspringt einer eisenharten Einsamkeit! Und kaum hatte er diesen Gedanken gedacht, da wurde er weiß vor Entsetzen: Er fürchtete nichts auf der Welt so sehr wie die Einsamkeit.«
Der beobachtete Sachverhalt behindert bis heute nachdrücklich den Deutschunterricht an norwegischen Schulen und Hochschulen. Denn er hat sich als Erwartungshaltung bei Schülern und Studenten erhalten, ohne dass die Lehrenden ihn auch nur mehr (ansatzweise) zu erfüllen vermöchten.
Bjørnebue, Mykle und Ulven stellten sowohl für Karl Ove Knausgård wie für Tomas Espeland wichtige Einflüsse dar, die sie auf sehr unterschiedliche Weise aufnahmen und verarbeiteten. Gemeinsam ist beiden die Härte der Selbstbeschreibung in ihren vom Autobiographischen dominierten Texten sowie der Wille, eine Form zu gestalten, die bei aller Emotionalität von *Coolness* geprägt ist.
Die Texte von Tomas Espeland sind von Reduktion und Minimalismus geprägt. Sie erinnern an die Arbeit eines Edelsteinschleifers, der immer wieder an kleinsten Stellen feilt; man gewinnt den Eindruck, dass jedes Wort, das im Text auftaucht, unersetzbar ist. Diese Unnachgiebigkeit erzeugt Sog und Wirkung. Das streng durchgehaltene formale Prinzip des Aussparens von Überflüssigem eröffnet dem Leser mitschwingende Räume der Assoziation, die auch von der Reihung unterschiedlicher literarischer Mittel befördert werden. In *Bergeners*, einer literarisch bezugsreichen Prosa-Sammlung, die nicht nur in Bergen spielt, sind Sätze verteilt, die in einem Manifest stehen könnten: »Wir müssen die Stadt beschreiben, in der wir wohnen, die Zeit, in der wir leben, die Freunde, die Diskussionen, die Politik, die Einsamkeit. Wir dürfen uns nicht in einem Gedicht und einem konstruierten Universum verlieren, in falscher Literatur; was wir schreiben, muss wahr sein, wir müssen das Wirkliche mit all unserem Ernst und all unserer Kraft beschreiben, sagte ich.« Das Unbehauste der Figuren Hamsuns, das Scheitern der Liebe, die existenziellen Erfahrungen, die zur

Sprache gebracht werden können, stehen neben dem eigenen Weg als Schriftsteller im Mittelpunkt dieses Buches, in dem die regenreiche Stadt Bergen - mit ihrer Hanse-Vergangenheit und ihrer Gründung durch Lübecker Kaufleute - den Ort hervorbringt, in dem Erinnerung und Erfahrung verschmelzen. Die wohlhabenden *Bergeners* sind hinter hohen Zäunen versteckt, zeigen sich nie in der Stadt und haben deutsche Wurzeln – so jedenfalls der Autor, der in einer Hochhaussiedlung aufgewachsen ist und diese für die Weltliteratur beschrieben hat.

Das 2009 in Norwegen erschienene Buch *Wider die Kunst,* das er seiner Mutter gewidmet hat, entfaltet auf rund 200 Seiten eine große Wucht. Erzählerische Passagen wechseln sich mit lyrischen ab, hinzu kommen Betrachtungen über die Literatur und die bildende Kunst (z.B. zu Gustave Courbet) sowie eindrucksvolle Beschreibungen städtischer und »natürlicher« Szenerien.

Eine minimalistisch arbeitende Autorin der norwegischen Gegenwartsliteratur ist Hanne Ørstavik, die mittlerweile als eine der profiliertesten Schriftstellerinnen des Landes gilt. In *Kjærlihet* (dt. *Liebe*), das in Norwegen 1997 erschien, befasst sie sich in einem reduzierten Setting mit der Beziehung der alleinerziehenden Vibeke zu ihrem neunjährigen Sohn Jon, an dessen Geburtstag sich durch Sprachlosigkeit und Missverständnisse eine kaum zu verhindernde Katastrophe ereignet. Alltägliche Abgründe tun sich auf. Der Wunsch, geliebt zu werden, führt in bedrohlicher Parallelität bei Mutter und Sohn zur Verkennung einer Realität, die schließlich eine Art Mechanik annimmt, in der Einsamkeit, Sehnsucht und Selbstzweifel jede Sabotage des Schicksals verhindern. Obwohl das Buch stellenweise sehr nüchtern geschrieben ist, ist der gesamte Text von atmosphärischer Dichte und einem ausgeprägten Einfühlungsvermögen in die Charaktere gekennzeichnet: »Er betrachtet den Schnee vor dem Fenster, denkt an all die Schneeflocken, die es braucht, um einen Hügel aus Schnee zu bauen. In Gedanken versucht er sie zu zählen. Das haben sie heute in der Schule durchgenommen. Schneekristalle, so heißt es. Keiner dieser Kristalle gleicht dem anderen. Wie viele davon wohl in einem Schneeball stecken. Oder auf dem Fenster, in einem kleinen Schneefleck.«

Agnes Ravatn, die auch als Journalistin tätig ist, wurde mit ihrem in viele Sprachen übersetzten Roman *Fugletribunalet* (dt. *Das Vogeltribunal*) bekannt, in dem sie eine klassische norwegische Situation – Mann und Frau am Fjord – in eine spannungsgeladene Konfrontation mit vielen überraschenden Wendungen umsetzt. Eine junge Frau, die wegen eines von ihr verursachten Skandals aus der Stadt fliehen musste, meldet sich auf eine Annonce, in der eine Haushälterin gesucht wird, und landet auf dem Lande bei einem unergründlichen älteren Mann, der in einem etwas verwahrlosten Haus mit großem Garten lebt. Wenn auch der deutsche Verlag das Buch mit »Thriller« beworben hat, so handelt es sich hier doch eher um einen Transgenre-Roman, der subtil die Abgründe der zeichenhaften Kommunikation zwischen den (noch) klar definierten Geschlechtern erforscht und originell beschreibt. Von der Autorin ist auch der Band *Ein kleines Buch vom Leben auf dem Land* ins Deutsche übersetzt, in dessen Zentrum ein wunderbar eingefangenes Gespräch mit dem Dichter Einar Øklund steht.

Matias Faldbakken, Sohn des Schriftstellers Knut Faldbakken, ist bildender Künstler und Autor, Kunst hat er unter anderem in Frankfurt am Main an der *Städelschule* studiert. Er vertrat Norwegen auf der 51. Biennale von Venedig, und zeigte 2012 Werke auf der documenta 13 in Kassel. In seinen Romanen hat er einige Aspekte dessen, was er in der bildenden Kunst erarbeitet hat, aufgenommen, so z.B. die plastische Formung durch Vandalismus, die Auslöschung oder Aufhebung der Form, die Möglichkeit der Sprache, sich ins Unleserliche zu verändern. Ein durchgängiges Merkmal seiner bildnerischen Arbeit ist die Materialarmut, die z.B. gerahmte Müllsäcke und flachgedrückte

Kartons als Untergrund für abstrakte oder minimalistische Gesten verwendet. Diese Strategien verwendet er auch in seinen Texten, z.B., indem er Abziehbilder und Klischees der heutigen Pop-Kultur weiter reduziert und ihren sensationalistischen Kern als Romanhandlung stilisiert. *The Cocka Hola Company, Macht und Rebel* sowie *Unfun* bilden als Trilogie die *Skandinavische Misanthropie*. Gegen die standardisierende skandinavische Konsenskultur und ihre ausgreifende Pädagogik werden in allen drei Romanen vergebliche, weil bereits gesellschaftlich normalisierte Strategien eines vermeintlichen Außen aufgeboten: Pornoproduktion, Pop-Kultur, Body-Lifestyle, unberechenbare Gewalttätigkeit. Zuweilen redundant, dann wieder mit humorvollen Wendungen bewegt sich der Autor gegen die Kultur, deren diensteifriger Mitarbeiter er doch ist.

Wencke Mühleisen hat eine norwegische Mutter und einen deutsch-slowenischen Vater. Sie ist Performance-Künstlerin und lehrt und forscht an der Universität Stavanger zu den Themen Gender, Sexualität, Feminismus und Politik. Mitte der 70er bis Mitte der 80er Jahre hat sie in der AAO-Kommune des österreichischen Aktionskünstlers Otto Muehl gelebt. Über diese Zeit hat sie das Buch *Du lebst ja auch für Deine Überzeugung* verfasst, das im Jahr 2020 im deutschsprachigen Raum herauskam. Darin geht es um die Parallelen zwischen der Nazi-Ideologie und den Verhältnissen in der Kommune, die sich durch das auf Muehl ausgerichtete Führungsprinzip zu einer totalitären Ideologie verzerrte. Die unnachgiebige Recherche der eigenen Entwicklung sowie der familiär bereinigten Vergangenheit des Vaters wird in literarisch überzeugender Form umgesetzt.
Der Roman *Aldri, Aldri, Aldri* von Linn Strømsborg (dt. *Nie, Nie, Nie*) befasst sich mit der Frage, ob man ohne Kinderwunsch eine Familie bilden kann und wie gesellschaftliche Konventionen Gefühle und Handlungen beeinflussen. Aus der Innenperspektive erzählt, gelang der Autorin ein aufrüttelndes Buch, das auch in Deutschland ein sehr positives Echo auslöste.
Johan Harstads Roman *Max, Micha & Tetoffensiven* (dt. *Max, Mischa und die TET-Offensive*) aus dem Jahr 2015 trägt unterschiedliche Genres in sich. Er ist gleichzeitig ein Familienroman, ein Entwicklungs- und Liebesroman, und nicht zuletzt geht es immer wieder in diesem opulenten Werk um die Kunst, und um die unterschiedlichen Darstellungsmöglichkeiten ihrer Disziplinen. Der Autor führt hierbei vor, was die Literatur vermag und welche Wendungen sie in einem Text behaupten kann. Ganz anders als bei seiner Protagonistin *Mischa*, der bildenden Künstlerin, die in jedem Werk *zeigen* muss, was an Bedeutung aufgebaut oder entzogen worden ist, kann das literarische Werk Behauptungen aneinander reihen, wovon Harstad reichlich Gebrauch macht. Die künstlerische Auseinandersetzung

mit den Verfahren in Literatur, bildender Kunst, Musik und Film, die die Figuren anwenden, wirken auf ihre Handlungen, ja auf ihre Entwicklungsmöglichkeiten zurück. Das Buch ist voller Anfänge, Wechsel, Abschiede und künstlerischer Bezüge. Der junge Max muss im zarten Alter von 13 Jahren mit seinen Eltern von Stavanger nach New York auswandern, weil sein Vater in Amerika einen neuen Job annimmt. Die Erfahrung des neuen Landes ist zunächst traumatisch. Filmische Erzählungen werden leitmotivisch eingebracht. Zentral sind hierbei Francis Ford Coppolas *Apokalypse Now* – der Vietnamkrieg durchzieht das Buch – und Robert Altmans *Brewster McCloud*, in dem die Schauspielerin Shelly Duvall auftritt. Letztere wird mit der Liebe der Erzählfigur Max parallelisiert. Ständig werden neue historische Ereignisse eingeführt, die Geschichte des New Yorker *Apthorp-Gebäudes*, *Nine Eleven* oder die norwegische Einwanderer-Community in New York. Max' Onkel *Ove* ist Jahre vorher in die USA emigriert, angezogen von der Coolness des Jazz und dessen nicht nur musikalischen Freiheiten. Er hatte sich als Freiwilliger für den Vietnamkrieg gemeldet, um die amerikanische Staatsbürgerschaft zu ergattern. Die langen Passagen zu Ove bzw. zum eingebürgerten *Owen* stellen ein episches Zentrum des Romans dar: Ove schlägt sich als Komponist für Gebrauchsmusik durchs Leben und kann durch glückliche Fügung Mieter einer riesigen Wohnung im legendären Apthorp Building mitten in Manhattan werden, in die auch Max und Mischa einziehen. Seine musikalische Stärke besteht eher im Interpretieren als in der eigenen Komposition, und so vermag er es, Harald Sæveruds *Kjempeviseslåtten* (Ballade der Revolte) in besonders ausdrucksstarker Form wiederzugeben – ein äußerst vielschichtiger, intelligenter Roman.

Eine samische Montaigne:
Aagot Vinterbo-Hohrs Prosa-Band *Palimpsest*

Was den Vergleich der auch in Norwegen weitgehend unbekannten samisch-norwegischen Autorin Aagot Vinterbo-Hohr mit dem französischen Renaissance-Autor provoziert, ist, dass sie den Individualismus, den Montaigne doch ein für alle Mal für den europäischen Mann-Menschen entdeckt haben soll, für sich entdeckt und diesen Prozess einer Entdeckung als Lebensaufgabe darstellt. Montaigne hat, auf die relative Kürze und den scheinbar ungeordneten Charakter seiner Essays anspielend, von Flickwerk gesprochen. Und das Wort könnte auch als Signatur über der meist kurzen und prägnanten Prosa Vinterbo-Hohrs stehen: Texte, die sich teils überlappen, teils aber auch verfehlen. Wie bei Montaigne scheint ihr Schreiben ebenfalls in einem Grenzgebiet angesiedelt: Neben den Prosatexten steht die Ausbildung eines hochentwickelten literarischen Bewusstseins von diesem Schreiben. Das versucht sie, in ihrem Titel *Palimpsest* auszudrücken. Es ist ein im doppelten Sinne überschreibendes Schreiben, das die Entmarginalisierung einer erzwungen marginalen Position im Modus der ästhetischen Reflexion unternimmt und so ältere Überschreibungen freilegt.

Trotz ihres norwegischen Namens Vinterbo entstammt die Autorin einer samischen Familie, die in historischen Zeiten gezwungen war, diesen Namen anzunehmen, um das Land kaufen und besitzen zu können, das ihr vorher weggenommen worden war. Gewiss war das Vorgehen der norwegischen Herrenmenschen, die sich mit jeder Äußerung über Samen ihrer Überlegenheit über diese zu versichern hatten, nicht so blutig wie das der französischen Katholiken zur Zeit Montaignes gegen die Protestanten; grausam und brutal war es gleichwohl, indem es die Samen dem Terror der ständigen Paradoxie unterwarf, so zu sein, wie sie es nicht konnten, weil sie es nicht gelernt hatten, also norwegisch, und nicht so zu sein, wie sie es gelernt hatten, aber nicht sein durften: Psycho-Terror statt blutigen Terrors.

Vinterbo-Hohrs wurde 1936 im äußersten Norden Norwegens als Samin (in einer samischen Familie) geboren. Ihre frühe Kindheit in einer äußerst kargen Landschaft war also von der mangelhaften Versorgung in einem besetzten Land, von Krieg, niedergebrannten Wohnstätten, zerstörter Infrastruktur und Vertreibung geprägt. Geschichte, samische Geschichte und Frauengeschichte werden keineswegs an einem Stück erzählt, sondern verteilt auf zahlreiche Texte. Sie bilden die Grundschicht des Palimpsests. Dazu gehören nicht nur etwa die Hexenverfolgungen in der Finnmark, sondern auch der eigene Weg zu Schulbildung, Studium und einer Existenz als Ärztin: ein biographischer Weg, der auch Anlass zu allerhand köstlichen universitäts- und wissenschaftssatirischen Textelementen bietet: Heidegger kommt gar nicht gut weg. Bemerkenswert, dass eine Autorin, die in ihren Erzählungen der deutschen Sprache und insbesondere der deutschen Romantik stets mit ironischer Skepsis begegnet, sich nach einem langen Berufsleben hinsetzt und in deutscher Sprache ein literaturwissenschaftliches Buch über Goethes Roman *Die Wahlverwandtschaften* schreibt, das vor einigen Jahren an der Universität Trondheim als Dissertation verteidigt wurde. Den ernsten Goetheforschern deutscher Zunge begegnet sie auch da mit Skepsis. Ihre Anregungen holte sie sich vor allem bei britischen Wissenschaftlern.

Jon Fosse und der Erfolg

Kritiker neigen eher dazu, einen Autor bedeutend zu nennen, als von seinem Erfolg zu sprechen. Vor einigen Jahrzehnten indessen konnte der Germanist Hans Mayer am Beispiel Goethes zeigen, wie dessen Biographie, weit über den Bereich des Werks hinaus reichend, sich als eine Geschichte des Erfolgs entwickelte. Dass dies auch für den norwegischen Autor Jon Fosse gilt, hat die Literaturkritik eher stillschweigend und unter der Hand anerkannt, indem sie ihn als den erfolgreichsten norwegischen Dramatiker seit Strindberg bezeichnete.

Dabei lagen seine Anfänge eher am Rande der norwegischen Sozietät. Als Kriegsdienstverweigerer hatte er eine marginale Position in einer Gesellschaft, für die das Militär von großer, nur selten hinterfragter Bedeutung ist. In diesem Bereich liegen auch die ersten, noch sehr bescheidenen publizistischen Anfänge Fosses, die den späteren Erfolg nicht ahnen lassen. Immerhin war es dem Autor so gelungen, sich in sehr jungen Jahren auf dem literarischen Feld zu positionieren.
Im Unterschied zu seiner literarischen Bedeutung wäre Fosses literarischer Erfolg messbar, wenn sich jemand die Mühe machte, die Zahl seiner Werke in den verschiedenen Genres, die Summe seiner Honorare, die Zahl und Summe seiner literarischen Preise und seiner sonstigen Privilegien im Grenzbereich von Einkommen und dem symbolischen Kapital der literarischen Ehre zu summieren.
Ein Beispiel für derartige Privilegien ist Fosses Recht, in Grotten zu wohnen. So bezeichnet man das von dem Dichter Henrik Wergeland gezeichnete und errichtete Gebäude am Rande des Schlossparks in Oslo, das als erstes Schweizerhaus des Landes gilt und seinen Namen *Die Grotte* dem Umstand verdankt, dass es teilweise über einem ehemaligen Steinbruch gebaut wurde. 1922 übernahm der norwegische Staat das Haus, um es fortan verdienten Künstlern als lebenslängliche Wohnung zur Verfügung zu stellen. Fosse ist überhaupt erst der vierte Bewohner in den vergangenen hundert Jahren, der hier einzog.
Was hat noch zu erwarten, wer einmal den Nobelpreis erhalten hat? Das klingt nach einer rhetorischen Frage, doch der umsichtige Fosse war auf die Situation vorbereitet. Schließlich wusste er seit langem, dass er den Literaturnobelpreis irgendwann erhalten würde. Zu denen, die ihm mit einem Brief gratulierten, als das dann eintraf, zählte auch der Papst. Offenbar ein durchaus im bürgerlichen Sinne gebildeter Mann, der unter den gegenwärtigen oder beinahe gegenwärtigen Schriftstellern etwa auch den 1986 verstorbenen argentinischen Autor Jorge Luis Borges zu schätzen weiß.

Nun hat die katholische Kirche traditionell die Möglichkeit zur Kanonisierung von Personen. Und eine Heiligsprechung toppt einen Nobelpreis ohne Zweifel noch.

Fosse, für den der Katholizismus eine Art Quäkerkirche avant la lettre ist, ist längst konvertiert. Seiner Kanonisierung steht also nichts im Wege.

Unsere Blicke auf die norwegische Literatur sind exemplarischer Art. Sie stehen auch für die von uns beobachteten Wirkungen der Autorinnen und Autoren im deutschsprachigen Raum. Es wären an dieser Stelle sicherlich noch viele weitere Namen zu erwähnen, von Ole Robert Sunde bis Dag Solstad, Jan Erik Vold bis Einar Økland und Vigdis Hjorth bis Helga Flatland und Maja Lunde. Auch auf Krimi-Autorinnen wie Unni Lindell und bisher noch nicht ins Deutsche übersetzte Autorinnen wie z.B. Marit Eikemo soll an dieser Stelle hingewiesen werden. Zur weiteren Verfolgung norwegischer Literatur oder auch zur Einstimmung sei die von Kronprinzessin Mette-Marit und Geir Gulliksen herausgegebene Sammlung *Hjemlandet og andre fortellinger* (dt. *Heimatland und andere Geschichten aus Norwegen*) empfohlen. In diesem Band findet sich auch ein Text von Knausgård über Hamsun, in dem er einen sehr schönen Satz formuliert, den die Kronprinzessin im Vorwort zitiert: »Wo das Leben geschlossen ist oder das Leben schließt, kann die Literatur offen sein oder öffnen.«

Senjens nordre Fjelde; von Lenvig.
Medfjords og Øyfjordshorn   *29 Juny 1807.*

Vippefyr

Das Verfahren wurde *judicium aquae frigidae* genannt: Man setzte die Verdächtigte gefesselt in den Korb und tauchte sie im Wasser unter. Wenn sie ertrank, war ihre Unschuld bewiesen. Überlebte sie aber die Tortur, so konnte ihr der Prozess gemacht, konnte sie verurteilt werden. Das Beweisverfahren ersetzte die Aussagen zweier Augenzeugen, die sonst für eine Verurteilung benötigt worden wären.

Norwegen hat eine gut untersuchte Geschichte der Hexenverfolgungen, wobei der historiographische Prozess als noch unabgeschlossen gelten muss. Tatsächlich ist die sogenannte Wasserprobe in zahlreichen Hexenprozessen angewandt worden, die zwischen 1598 und 1692 in Nord-Norwegen durchgeführt wurden und denen 91 hingerichtete Menschen zum Opfer fielen. An sie erinnert eine eindrucksvolle, von der Bildhauerin Louise Bourgeois und dem Architekten Peter Zumthor entworfene Gedenkstätte bei Vardø, einer früheren Festungsstadt ganz im Norden des Landes.

Das vielleicht auch an einen Ziehbrunnen in der ungarischen Puszta erinnernde Gebäude, übrigens ganz im Süden des langestreckten Landes, hat mit Hexenprozessen nichts zu tun. Tatsächlich handelt es sich bei dem Bauwerk um ein *Vippefyr*, ein Wipp- oder Schaukelfeuer, ein Leuchtfeuer, bei dem das Gebäude nur als Basis und vielleicht als Schutz- und Aufbewahrungsraum für das Feuermaterial dient. Das eigentliche Leuchtfeuer befand sich in dem Korb am Ende des senkbaren Hebelarms, es bestand aus Holz, später aus Kohle, die vermutlich mehrfach pro Nacht nachgelegt werden musste. Der Arm bedeutete den Zugewinn von ein paar Metern Höhe, das Feuer war entsprechend weiter draußen zu sehen in dieser von schweren Herbststürmen heimgesuchten Gegend zwischen Oslo-Fjord und Skagerrak. Das Vippefyr befindet sich nämlich am sogenannten *Verdens Ende*, einem Touristenensemble, das seit 1932 entwickelt wurde. Den sozusagen richtigen, heute noch mit elektrischer Fernsteuerung betriebenen Leuchtturm aus der Mitte des 19. Jahrhunderts, kann man von hier aus am Horizont sehen.

Norwegen hat, wenn man der CIA bzw. deren elektronischem *World Factbook* trauen darf, eine Küstenlänge von mehr als 25.000 km Länge, etwa 10 x mehr als Deutschland. Nach norwegischen Messungen sind es sogar um 100.000 Kilometer. Da diese Küste stark zerklüftet ist und ihr sehr zahlreiche Inseln vorgelagert sind, muss sie als vielerorts schwieriges Fahrwasser eingeschätzt werden. Leuchtfeuer und später Leuchttürme sind also wichtig für das Land, und so erstaunt es nicht, dass verschiedene Bücher zum Thema vorgelegt wurden und sogar ein *Leuchtturmhistorisches Jahrbuch* erscheint. Leuchtfeuer dienen als Motiv für Postkarten und Briefmarken, und man versucht, sie zu bewahren und womöglich sekundär zu nutzen. Touristen stellen sich Leuchttürme als Einzelgebäude mit wortkargen Wärtern vor. Tatsächlich handelte es sich oft um Ensembles, zu denen außer dem Turm mehrere Wohn- und Wirtschaftsgebäude zählten, in denen mehrere Familien mit ihren Kindern hausten, für die dann gelegentlich sogar eine eigene Schule eingerichtet wurde. Denn Leuchttürme liegen gewöhnlich in unwegsamem Gelände oder auf einsamen Inseln, was entsprechend lange und logistisch aufwendige Schulwege bedeutet hätte.

Insgesamt haben in Norwegen 212 Leuchttürme existiert, von denen freilich nie mehr als 156 gleichzeitig in Betrieb waren. Heute existieren 107 funktionierende Leuchttürme und Leuchtfeuer in Norwegen, die alle automatisch arbeiten. Zahlreiche andere Leuchttürme dienen touristischen Zwecken, wobei die Annäherung meist über Land und nur in seltenen Fällen im Boot erfolgt. In einigen Leuchttürmen bestehen saisonale Restaurants und Übernachtungsmöglichkeiten.

Das älteste Leuchtfeuer Norwegens, wahrscheinlich ein auf die Klippen gesetzter Metallkorb, wurde in Lindenes an der tatsächlichen Südspitze Festland-Norwegens im Jahre 1655 errichtet, bewährte sich aber kaum und wurde erheblich später durch funktionalere Einrichtungen ersetzt. Ein Leuchtturm Lindenes besteht bis heute.

Der letzte bemannte Leuchtturm Norwegens, ein imposantes Bauwerk, wurde 1932 auf der kleinen nordländischen Insel Anden fertiggestellt. In diesem Jahr wurde auch das Vippefyr von Verdens Ende errichtet. Das scheinbar so alte und technologisch jedenfalls längst veraltete Feuer ist tatsächlich eines der jüngsten und entstand gleichzeitig mit dem historisch letzten Vertreter der Epoche der bemannten Küstenzeichen. Es ist also ein Stückchen Postmoderne.
Das Vippefyr ist Teil eines ungleich größeren touristischen Ensembles, zu dem früher sogar noch ein Aquarium und eine Vogelvoliere zählten. Der Name *Verdens Ende* ist von poetischen Mystifikationen umgeben. Tatsächlich dürfte es sich um das Ende der Osloer Welt gehandelt haben, um einen Freizeitpark an einem Punkt zu bezeichnen, der in der Zwischenkriegszeit mit ihrer Sechstage-Woche noch eben von der Hauptstadt aus zu erreichen war.

Gudbrandsdalen

Von der trubeligen *Oslo Sentralstasjon* benötigt man gute zwei Stunden Bahnreise nach Lillehammer. Je weiter man sich von der rasant wachsenden Großstadt entfernt, desto idyllischer wird die Landschaft, und man begibt sich in ein Postkartennorwegen. Das Gudbrandstal beginnt unterhalb der Stadt Lillehammer am lang gestreckten Mjøsa-See. Es ist eine historisch sehr bedeutsame Gegend, benannt nach dem legendären Wikingerhäuptling *Dale-Gudbrand*, der dort geherrscht haben soll; – ein geographischer Raum, der für Geschichte und Geschichten steht.
Von der Website *Visit Norway* wird das Gudbrandstal überschwänglich als »König der Täler« bezeichnet. Dieses Tal, das zur *Fylke Innlandet* gehört, ist mit seinen ca. 200 km Länge eine ausgedehnte Landschaftsformation. Viele Seitentäler mit ihren Gebirgen und Verzweigungen charakterisieren die landwirtschaftlich geprägte Region. Die Region umfasst einige Kommunen wie z.B. *Lillehammer, Øyer, Ringebu, Dovre, Lesja, Gausdal und Lom*. Mehr als 70 000 Einwohner leben in diesem Gebiet.
Die Landschaft wurde durch die letzten Eiszeiten geprägt, die Täler sind U-förmig und haben breite Sohlen. Der obere Teil des *Gudbrandsdalen* ist von Kiefernwäldern bedeckt. Die höchsten Erhebungen sind im *Jotunheimen* westlich, in *Dovre* und *Rondane* östlich des Haupttales zu finden. Alle diese Gebirge haben Gipfel bis über 2.000 m Höhe.
In der *Heimskringla* von Snorri Sturluson wird das Gudbrandstal schon im Jahr 1015 erwähnt. Überhaupt spiegelt sich die Gegend in bedeutenden literarischen Werken wider: Henrik Ibsen soll wesentliche Inspirationen für seinen *Peer Gynt* hier empfangen haben, und es gibt heute nicht nur einen *Peer-Gynt-Wanderweg*, sondern auch das jährlich im August stattfindende *Peer-Gynt-Festival* am Gålå-See. *Peer Gynt* gilt als ein Meisterwerk der Weltliteratur, Edvard

Grieg komponierte hierzu eine musikalische Interpretation. Auch der schwankende Anti-Held in Hans-Henny Jahnns epochalem Roman *Perrudja* baut seinen außergewöhnlichen Wohnsitz – ein Bauwerk zwischen Bunker und Schloss in der Nähe zum Gudbrandstal in *Rondane*. *Peer Gynt* und *Perrudja* teilen so manchen Charakterzug, von der Melancholie bis zur Zögerlichkeit. Stefan David Kaufer hat herausgearbeitet, dass Jahnn sich in seinem Roman durchaus an gegebenen Landschaften und Orten orientiert und weitgehend auch reale Namen verwendet hat, z.B. Atna, Lillehammer, Ringebu, Atnosen, Rondane. *Perrudja* ist leider bis heute noch nicht ins Norwegische übersetzt worden, obwohl der Roman vor allem in Norwegen spielt.

Die bekannteste literarische Herausstellung des Gudbrandstales ist für Einheimische sicherlich die Romantrilogie *Kristin Lavransdatter*, für die die Schriftstellerin Sigrid Undset 1928 den Nobelpreis für Literatur erhielt. Die Handlung spielt im Norwegen des 14. Jahrhunderts und beginnt im Gudbrandstal. Die eigenwillige Hauptfigur Kristin wächst dort als Kind einer wohlhabenden Familie von Landadeligen auf. Sie ist der Liebling des Vaters, der sie vor allen Unbilden hüten und beschützen möchte. Kristins Mutter ist durch schwere Schicksalsschläge wie den Verlust von drei Söhnen gezeichnet und hat ein eher sorgenvolles Temperament. Die Tochter wird sehr jung verlobt, doch nach einigen Konflikten mit ihren Eltern und ihrem späteren Ehemann geht sie schließlich als Laienschwester ins Kloster. Bei einem Ausflug trifft sie auf den temperamentvollen Ritter Erlend, der sie bald emotional bewegt. Doch nun ist sie zerrissen zwischen dem klösterlichen Gehorsam und ihrer Liebe, zwischen dem Anspruch der Gemeinschaft und dem persönlichen Glück. Dies sind Ausgangspunkte der ausgedehnten und verzweigten Geschichte, die in den drei Bänden *Kransen*, *Husfrue* und *Korset* (dt. *der Kranz, die Frau, das Kreuz*) erzählt wird und als einer der bedeutendsten historischen Romane Norwegens gilt.

Im weitläufigen Freiluftmuseum von Lillehammer, »Maihaugen«, kann man atmosphärisch in das norwegische Mittelalter eintauchen. Dort steht heute auch die Stabkirche von Garmo, die aus dem 12. Jahrhundert stammt. Die kleine Kirche wurde am ursprünglichen Standort abgetragen und 1921 in Maihaugen neu aufgestellt. Die Blicke von dort aus versetzen den Betrachter in Zeiten, in denen die Hauptmahlzeit der bäuerlichen Bevölkerung in einer sich täglich wiederholenden Portion Hafergrütze bestand.

Von Lillehammer aus führt eine Strecke mit der Rauma-Bahn durch das Gudbrandstal, die als eine der schönsten Routen Skandinaviens gilt. Mit einem Umstieg in Dombås kann die Reise dann in westlicher Richtung fortgesetzt werden, und schließlich landet man in Åndalsnes mit dem faszinierenden Berg-Panorama von Møre og Romsdalen. Mit diesem Trip hätte man sich das landschaftliche Herz Norwegens etwas erschlossen und wäre im besten Falle auch dem literarischen Herz nähergekommen.

PS: 2019 wechselte die Norwegische Staatsbahn nicht nur ihren Namen von *NSB* zu dem nach wie vor in Staatshand befindlichen Verkehrsunternehmen *Vy*. Ob man heute immer noch so arglos im Zeitreisemodus durch das Gudbrandstal fahren kann wie diese Unbekannte?

Jul

Die Weihnachtszeit in Norwegen findet in der *mørk tide,* der dunklen Jahreszeit statt, in der jeder leichte Lichtglimmer am Himmel aufmerksam wahrgenommen wird und die Menschen ihre Behausungen und Geschäfte mit allerlei zusätzlichem Licht ausstatten. Es ist eine Festzeit, die in Norwegen besonders zelebriert wird, im Freundes- und Familienkreis, im öffentlichen Raum, in den Medien, am Arbeitsplatz. Mitten im Stadtzentrum von Oslo steht dann – zwischen Storting und Nationaltheater – die Eislaufbahn *Spikersuppa*, die von allen kostenlos benutzt werden kann und wo Könner wie Dilettanten ihre Pirouetten drehen und ihre Bahnen laufen. Einiges hat sich angrenzend hinzugesellt: ein Riesenrad, ein nostalgisches Kinderkarussell, Heu-Sofas und Buden, die Produkte aus der Region anbieten. Ja, Weihnachten ist ein Geschäft, aber es ist doch auch mehr, und der Glanz des norwegischen *Jul* bewegt sich neben selbstgestrickten Christbaumkugeln, Rentiermotiven und dem unvermeidlichen Glögg ins Märchenhafte hinein, das sich durch wechselnde Zeiten hindurch erhalten hat.

So ist *Jul* auch eine wiederkehrende mögliche Zeitreise, für die man sich z.B. im 1874 gegründeten *Grand Café* mit seinem eleganten Interieur und norwegischen Spezialitäten einstimmen kann; Ibsen und Munch waren hier Stammgäste. Weihnachtliche Programme werden überall aufgeführt, so z.B. im ausgezeichneten Jazzclub *Herr Nilsen*, in dem an einem vorweihnachtlichen Abend die Sängerin *Torun Eriksen* experimentelle Interpretationen traditioneller Weihnachtslieder vortrug, die den *Spirit* von Jul in bislang ungehörte Klänge kleidete. Am Nachmittag dieses besonderen Tages hüllte unweit des Holmenkollen bei *Frognerseteren*, gefrorener Nebel die Landschaft in eine Zauberwelt ein. Das ganze Land ist in diesen Zauber gehüllt. *God Jul* kann immer wieder geschehen.

Literatur

Aamold, Svein/ Haugdal, Elin/ Jørgensen, Ulla Angkjær (Hg.): *Sámi Art and Aesthetics – Contemporary Perspectives*. Aarhus: Aarhus University Press 2017.
Bjørnebue, Jens. *Jonas*. Stuttgart: Freies Geistesleben 1993, S. 384 und S. 402. Erstausgabe: *Jonas*. Oslo: Aschehoug 1955.
Brekke, Asgeir: *Frauen im Nordlicht*. In: Brekke, Asgeir/ Hansen, Truls Lynne (Hg.): *Nordlicht. Wissenschaft – Geschichte – Kultur.* Alta: Alta Museum 1997, S. 44.
Brandt, Willy: *Krieg in Norwegen*. Zürich: Europa Verlag 1942, S. 148.
Brockes, Barthold Heinrich: *Das Norder-Licht*. In: *Auszug der vornehmsten Gedichte aus dem Irdischen Vergnügen in Gott*. Stuttgart: Reclam 1965, S. 468 (Erstdruck 1732).
Däubler, Theodor: *Das Nordlicht. Erster Band: Selbstbedeutung.* Genfer Ausgabe. Leipzig: Insel Verlag 1921, S. 52.
Engels, Friedrich: *Die Lage der arbeitenden Klasse in England. Nach eigener Anschauung und authentischen Quellen.* Leipzig: Otto Wigand 1845.
Ersland, Bjørn Arild Hansen: *Fyrene rundt Norges sydspiss. Kulturhistorisk veiviser til fyrene i Rogaland og Vest-Agder.* Kristiansand: Høyskoleforlaget 1999.
Espedal, Tomas: *Bergeners*. Berlin: Matthes und Seitz 2018, S. 74. Erstausgabe: *Bergeners*. Oslo: Gyldendal 2013.
Espedal, Tomas: *Wider die Kunst*. Berlin: Suhrkamp 2017, S. 174 und S. 181. Erstausgabe: *Imot Kunsten*. Oslo: Gyldendal 2009.
Falck-Ytter, Harald: *Das Polarlicht. Aurora Borealis und Australis in mythischer, naturwissenschaftlicher und apokalyptischer Sicht.* Stuttgart: Freies Geistesleben 1999, S. 179.
Faldbakken, Matias: *The Cocka Hola Company*. München: Heyne 2005. Erstausgabe: *The Cocka Hola Company*. Oslo: Cappelen 2001.

Faldbakken, Matias: *Macht und Rebel*. München: Heyne 2007. Erstausgabe: *Macht und Rebel*. Oslo: Cappelen 2002.
Faldbakken, Matias: *Unfun*. München: Heyne 2010. Erstausgabe: *Unfun*. Oslo: Cappelen 2008.
Fosse, Jon: *Das ist Alise*. Hamburg: Rowohlt 2005. Erstausgabe: *Det er Ales*. Oslo: Det norske samlaget 2004.
Fossum, Karin: *Djevelen holder lyset*. Oslo: Cappelen 1998. Dt. *Dunkler Schlaf*. München/Berlin: Piper 2002.
Fiske, Lars: *Herr Merz*. Berlin: avant-verlag 2013.
Flaubert, Gustave: *Bouvard und Pécuchet*. Frankfurt/Main: Suhrkamp 1979, S. 142.
Grieg, Nordahl: *Friheten*. Reykjavik: Helgafell 1943.
Hamsun, Knut: *Das letzte Kapitel*. Leipzig/ Zürich: Grethlein & Co. 1924. Erstausgabe: *Siste Kapitel*. Kristiania:Gyldendal 1923.
Hamsun, Knut: *Den Gaadefulde. En kjærlighedshistorie fra Nordlaand*. Med innledning av Even Arntzen. Hamarøy: Hamsun-Selskapet 2004. Erstausgabe: *Den Gaadefulde. En kjærlighedshistorie fra Nordlaand*. Tromsø:1877.
Hamsun, Knut: *Mysterien*. München: Albert Langen 1894. Erstausgabe: *Mysterier*. København: Philipsens Forlag 1892.
Hamsun, Knut: *Pan. Aus Lieutenant Thomas Glahns Papieren*. Leipzig: Albert Langen 1895. Erstausgabe: *Pan. Af Lojtnant Thomas Glahns Papirer*. København: Philipsens Forlag 1894.
Hamsun, Knut: *Segen der Erde*. München: Albert Langen 1925 Erstausgabe: *Markens Grøde*. København: Gyldendal 1917.
Humboldt, Alexander von: *Kosmos. Entwurf einer physischen Weltbeschreibung*. 4 Bde. Stuttgart und Tübingen: Cotta'scher Verlag 1845–1858, Bd. 1, S. 312 f.
Harstad, Johan: *Max, Mischa & die TET-Offensive*. Hamburg: Rowohlt 2019. Erstausgabe: *Max, Mischa & Tetoffensiven*. Oslo: Gyldendal 2015.
Hellandsjø, Karin: *Ultima Thule. Kurt Schwitters in Norway*. Oslo: Orfeus 2016.

Ibsen, Henrik: *Peer Gynt*. Leipzig: Bernhard Schlicke 1881 .Erstausgabe: *Peer Gynt*. Kopenhagen: Gyldendal 1867.
Jahnn, Hans Henny: *Perrudja*. Berlin: Gustav Kiepenheuer Verlag 1929.
Jünger, Ernst: *Myrdun. Briefe aus Norwegen*. Tübingen: Heliopolis 1949, S. 64, S. 62. Erstausgabe Oslo 1943.
Jünger, Ernst: *Gärten und Straßen*. Reinbek: Rowohlt 1962, S. 75.
Jünger, Ernst: *Siebzig verweht III*. Stuttgart: Klett-Cotta 1998, S. 314.
Kaufer, Stefan David: *»Schließlich ist Norge meine zweite Heimat geworden«: Hans Henny Jahnns Norwegen-Bild*. Köln: Teiresias Verlag 2003, S. 92.
Kiesel, Helmuth: *Ernst Jünger. Die Biographie*. München: Pantheon 2009, S. 158.
Kjærstad, Jan: *Rand*. Frankfurt am Main: Eichborn 1994, S. 395. Erstausgabe: *Rand*. Oslo: Aschehoug 1990.
Klappstein, Ulrich: *Nordlichter. Theodor Däubler im Werk Arno Schmidts*. Bielefeld: Aisthesis 2012, S. 14.
Knausgård, Karl Ove: *Lieben*. München: Luchterhand 2013, S.203. Erstausgabe: *Min Kamp 2*. Oslo: Oktober 2009.
Knausgård, Karl Ove: *Leben*. München: Luchterhand 2014, S.13. Erstausgabe: *Min Kamp 4*. Oslo: Oktober 2009.
Knausgård, Karl Ove: *Träumen*. München: Luchterhand 2017, Erstausgabe: *Min Kamp 5*. Oslo: Oktober 2010.
Knausgård, Karl Ove: *Kämpfen*. München: Luchterhand 2018, S.534. Erstausg.: *Min Kamp 6*. Oslo: Oktober 2011.
Kronprinzessin Mette-Marit und Geir Gulliksen (Hg.): *Heimatland und andere Geschichten aus Norwegen*. München: Luchterhand 2019. Erstausgabe: *Hjemlandet og andre fortellinger*. Oslo: Aschehoug 2019.
Krutzinna, Leonie: *Der norwegische Schwitters. Die »Merz«-Kunst im Exil*. Göttingen: Wallstein 2019.
Mett, Daniela: *»(nur ‚historisch‘ interessant)«. Spuren Arno Schmidts in Norwegen*. In: Zettelkasten 22. Wiesenbach: Bangert & Metzler 2003.

Mühleisen, Wencke: *Du lebst ja auch für Deine Überzeugung. Mein Vater, Otto Muehl und die Verwandtschaft extremer Ideologien.* Wien: Zsolnay 2020. Erstausgabe: *Kannskje det ennå finnes en åpen plass i verden.* Oslo: Gyldendal 2015.

Mykle, Agnar: *Das Lied vom roten Rubin.* Skulima: Heidelberg 1958, S. 65. Erstausgabe: *Sangen om den røde rubin.*Oslo: Gyldendahl 1956.

Nango, Joar: *Temporary Structures and Architecture on the Move. Conversation with Candice Hopkins.* Milan: Mousse Magazine 58, 2017.

Nündel, Ernst: *Kurt Schwitters.* Reinbek: Rowohlt 1981, S. 103.

Ørstavik,Hanne: *Liebe.* Düsseldorf: Karl Rauch 2017, S. 9. Erstausgabe: *Kjærlighet.* Oslo: Oktober 1997.

Poe, Edgar Allen: *A Descent into the Maelström.* In: Graham's Magazine, Philadelphia, Mai 1841.

Poe, Edgar Allen: *Ein Sturz in den Malstrom.* In: Derselbe: *Erzählungen.* Bindlach: Gondrom Verlag 1997.

Proust, Marcel: *Auf der Suche nach der verlorenen Zeit.* Neuübersetzung von Bernd-Jürgen Fischer. Stuttgart: Reclam 2020.

Reemtsma, Jan Philipp/Rauschenbach, Bernd: *»Wu Hi?« Arno Schmidt in Görlitz Lauban Greifenberg.* Berlin: Suhrkamp 2012, S. 85.

Ravatn, Agnes: *Das Vogeltribunal.* München: btb-Verlag 2015. Erstausgabe: *Fugletribunalet.* Oslo: Det Norske Samlaget 2013.

Ravatn, Agnes: *Ein kleines Buch vom Leben auf dem Land.* München: btb-Verlag 2019. Erstausgabe: *Verda er ein skandale. Ei lita bok om livet på landet.* Oslo: Det Norske Samlaget 2017.

Raabe, Wilhelm: *Abu Telfan oder die Heimkehr vom Mondgebirge.* Stuttgart: Hallberger 1868.

Rode, C.F.: *Norges fyrvesen. Fyr-, merke og ringevesenet gjennom 250 år.* Oslo: Steenske forlag 1941.

Røyrane, Eva/ Apneseth, Oddleiv: *Norges Låver.* Leikanger: Skald 2015.
Schmalenbach, Werner. *Kurt Schwitters.* Köln: DuMont 1967, S. 70.
Schmidt, Arno: *Zettels Traum.* Stuttgart: Stahlberg 1970.
Schmidt, Arno: *Die Schule der Atheisten. Novellen=Comödie in 6 Aufzügen.* Bargfeld/ Zürich: Arno Schmidt Stiftung/ Haffmans Verlag 1994, S. 16.
Schmitt, Carl: *Theodor Däublers »Nordlicht«. Drei Studien über die Elemente, den Geist und die Aktualität des Werkes.* Berlin: Duncker & Humblot 2009, S. 16, S 60f. Erstausgabe: München: Georg Müller 1916.
Sommerfelt, Sondre: *Tromsø – A Poor Man's Connoisseur Guide.* Tromsø: Raketten Kiosk 2014.
Spivak, Gayatri Chakravorty: *The Spivak Reader.* Hg. von Donna Landry und Gerald Maclean. New York/ London: Routledge 1996.
Strømsborg, Linn: *Nie, nie, nie.* Köln: Dumont 2021. Erstausgabe: *Aldri, Aldri, Aldri.* Oslo: Flamme 2019.
Sturluson, Snorri: *»Heimskringla«. Sagen der nordischen Könige.* Wiesbaden: Marix 2006.
Eugène Sue: *Les Mysterès de Paris.* Paris: Édition étable par Francis Lacassin 1989, S. 31.
Ulven, Tor: *Dunkelheit am Ende des Tunnels. Geschichten.* Graz/ Wien: Droschl 2012. Originalausgabe: *Vente og ikke se: historier.* Oslo: Gyldendal 1994.
Ulven, Tor: *Das allgemein Unmenschliche.* Graz/Wien: Droschl 2014, S. 87. Originalausgabe: *Fortæring. Prosastykker.* Oslo: Gyldendal 1991.
Ulven, Tor: *Ablösung.* Graz/ Wien: Droschl 2019, S. 106. Originalausgabe: *Avløsning.* Oslo: Gyldendal 1993.
Undset, Sigrid: *Kristin Lavranstochter.* Stuttgart: Kröner 2021- 2022. Erstausgabe: *Kristin Lavransdatter.* Kristiania: Aschehoug 1920–1922.
Vesaas, Tarjei: *Fuglane.* Oslo: Gyldendal 1957. Dt. Ausgabe: *Die Vögel.* Berlin: Guggolz 2020, S. 220.

Vesaas, Tarjei: *Is-Slottet*. Oslo: Gyldendal 1963. Dt. Ausgabe: *Das Eisschloss*. Berlin: Guggolz 2019.
Weber, Jan Robert: *Ästhetik der Entschleunigung. Ernst Jüngers Reisetagebücher*. Berlin: Matthes und Seitz 2011, S. 140 f.
Vinterbo-Hohr, Aagot: *Palimpsest*. Karasjok: Davvi Media 1987.
Vinterbo-Hohr, Aagot: *Goethes Wahlverwandtschaften im 21. Jahrhundert gelesen*. Frankfurt/Main: Peter Lang 2016.
Wassmo, Herbjørg: *Das Buch Dina*. München: Knaur 1994.

Abbildungen

Seite 9: Im Café Christiania, Oslo
Seite 12: Touristen in Tromsdalen bei der samischen Gamme
Seite 14: Die Victoria Luise
Seite 17: Im Frogner Park
Seite 18: Majorstuen
Seite 21: Am Schloss
Seite 22: Kjerringøy (Handelsplatz)
Seite 35: Die Barcode Skyline von Bjørvika
Seite 47: Bunker (Holmenkollen)
Seite 48: Romsdalenmuseum in Molde mit »Krona«
Seite 51: Die Königsbirke (im Jahr 2022)
Seite 55: Blick auf Eidsbygda
Seite 59: Die Fischerhütte auf Hjertøya
Seite 62: Am Romsdalenfjord
Seite 68: Straßenmusikerin in Ålesund
Seite 76: Müllhaus, Adventdalen/ Svalbard
Seite 79: Barentsburg City
Seite 81: Die Anglerin im Kleid
Seite 85: Munch Museum
Seite 87: Osloer Oper
Seite 95: Maelström Saltstraumen
Seite 97: Zwischen Hillesøy und Sommarøy
Seite 100: Bunader
Seite 102: Bunad-Ornament
Seite 104: Verlassener Hof, Geiranger
Seite 106: Tobakk og Frukt
Seite 110: Am Balsfjord
Seite 113: Beerensammlerinnen auf dem Fløyen (Bergen)
Seite 116: Polarlicht, gesichtet am Balsfjord
Seite 123: Polarlicht, gesichtet auf Hillesøy
Seite 132: Dämmerung in Bergen
Seite 142: Am Zaun in der Oscars Gate, Oslo

Seite 149: Aus dem unpublizierten Tagebuch von
         Leopold v. Buch (1807)
Seite 152: Vippefyr, Verdens Ende
Seite 155: Stabkirche von Garmo, Lillehammer
Seite 156: In der Raumabahn
Seite 157: Spikersuppa
Seite 158: Frognerseteren
Seite 169: Moltebeeren
Seite 171: Osebergskip

Bildnachweise

Seiten: 9, 17, 18, 21, 22, 35, 47, 48, 51, 55 , 59, 62, 68, 76, 81, 85, 87, 95, 97, 100, 102, 104, 106, 110, 113, 123, 132, 142, 152, 155, 156, 157, 158, 169, 171 © Pierangelo Maset
Seiten: 79, 116, 168 © Bill Masuch
Seiten: 12, 14, 149: Sammlung Michael Schmidt

Die Autoren

Michael Schmidt, Autor und Germanist (Arctic University Tromsø). Zahlreiche Publikationen u.a. zu Goethe, Chamisso, Motte-Fouqué, Hamsun, der Gruppe 47 sowie zum norwegischen Påskekrim (Osterkrimi) und zur Kulturgeschichte antisemitischer Vorurteile.

Pierangelo Maset, Autor und Kunstvermittler (Universität Lüneburg). Publikationen in den Gebieten Ästhetik, Gegenwartskunst und Kunstvermittlung. Veröffentlichung von Tonträgern (*Dr. Misch, ExKurs*), Essays und Romanen (*Klangwesen, Laura oder die Tücken der Kunst, Beauty Police*).

Dank

Unser herzlicher Dank für die vielfältige Unterstützung, für Begegnungen und Anregungen im Zeichen der Entwicklung dieses Buches gilt Bård Andreassen, Jan Bakkevoll, Margareth Eidem, Marie-Theres und Richard Federhofer, Merete Halstensen, Axel Haase, Elin Haugdal, Kjell-Ove Hveding, Jérémie McGowan, Ingeborg Høvik und Bill Masuch.

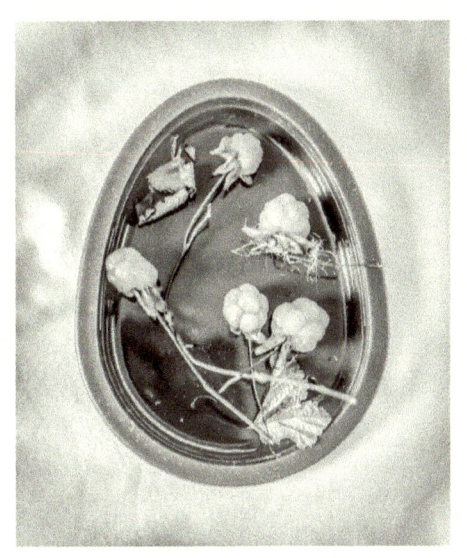

www.ingramcontent.com/pod-product-compliance
Ingram Content Group UK Ltd.
Pitfield, Milton Keynes, MK11 3LW, UK
UKHW021049260125
454178UK00004B/207